Paulo Henrique Silva

Sempre acreditamos

Os três anos que mudaram a história do Atlético

Editora Letramento

BRIDGESTONE
PASION LIBERTADORES
makita
VISA VISA VISA VISA
SAMSUNG
Santander
TOYOTA
GATORADE

BRIDGESTONE
VISA VISA
BRIDGESTONE
TOYOTA
SAMSUNG
Santander
CONMEBOL
BRIDGES

PREFÁCIO

"Envolvido com o lançamento do meu livro, recebi o convite do Paulo Henrique para escrever o prefácio deste livro. Agora sei exatamente quais são as dificuldades de tal proeza. Aqui encontraremos as reviravoltas dadas nos últimos anos pelo clube no cenário nacional e internacional. Ter participado desta mudança muito me orgulha. Estou vivendo o Galo pela quarta vez e jamais vou esquecer a emoção das conquistas da Recopa e da Copa do Brasil. Foram títulos construídos com a cara do Atlético e, certamente, estarão para sempre na memória de todos, mesmo para aqueles que não são atleticanos, mas se envolveram emocionalmente com as campanhas épicas. Que o leitor possa, aqui, entender ainda mais as alegrias, angústias, sensações, prazeres e dificuldades da construção de uma nova era. Por tudo isso, sinta-se orgulhoso Paulo Henrique Silva e parabéns pelas crônicas e pelo seu trabalho."

Levir Culpi

Apresentação

Todo grande time merece um grande narrador. Sim, porque não bastam as conquistas, o carinho da torcida, as emoções nos estádios, nem mesmo o registro audiovisual dos feitos praticados em campo. É preciso também o texto que fixe a façanha em palavras. Palavras que traduzam os jogos decisivos em cânticos de fé e louvor. E que testemunhem os momentos de hesitação, tristeza e apreensão que toda trajetória heroica comporta. Nesse sentido, poucos times brasileiros podem se orgulhar, como o Clube Atlético Mineiro, de ter um narrador de suas conquistas do quilate de um Paulo Henrique Silva.

Neste conjunto de crônicas, devidamente intitulado de "Sempre Acreditamos", Paulo Henrique, o nosso querido PH, adota como eixo duas grandes conquistas recentes do Atlético – a da Libertadores da América de 2014 e a da Copa do Brasil de 2014. Nesta seleta, que os leitores têm agora em mãos, acompanha-se a complicada trajetória do time nessas duas competições, interpretada pela subjetividade do narrador.

Acredito que todo o Brasil tenha seguido com emoção o percurso deveras milagroso do Atlético na conquista da Libertadores de 2013. Um parêntese, se me permitem. Não existe conquista tranquila da Libertadores, para mim o mais difícil torneio do planeta, muito mais do que a badalada Liga dos Campeões da Europa. Claro, não discuto a qualidade dos gigantes europeus, essas multinacionais da bola, que, a poder de euros, sugam talentos de todos os países, deixando à míngua o futebol de antigas potências como Argentina, Uruguai e Brasil. Mas é que a Libertadores apresenta dificuldades extras. Jogos na altitude, em campos às vezes precários, arbitragens parciais, tolerância com a violência, pressão insuportável sobre os jogadores, etc. É uma guerra, literalmente. Guerra na qual o Atlético esteve várias vezes a ponto de sucumbir, mas, como sabemos, triunfou, após uma série de viradas extraordinárias e improváveis. Portanto, a Libertadores, já em si difícil, mostrou-se particularmente áspera em 2013. Daí o sabor da vitória ser ainda mais pronunciado.

Por isso, e não por acaso, a trajetória do time poder ser resumida numa palavra de quatro letras – luta. Luta, luta, luta, aquela disposição interna inabalável que alguns times conquistam em algum momento de sua história, a de não entregar jamais um resultado sem ter brigado (no bom sentido do termo, e às vezes no mau) até o fim de suas forças. Quando se une essa magia da motivação total à técnica de jogadores como Ronaldinho Gaúcho, Tardelli, Victor, Bernard, etc., a treinadores em momentos iluminados como foram Cuca e Levir Culpi, ao formidável apoio da torcida, o resultado é um time vencedor como nestes anos foi o Galo – outra palavra de quatro letras, para se tornar sinônimo de luta.

À narrativa de PH sobre essas façanhas não falta a devida emoção do torcedor. Nem a capacidade de análise do observador e nem mesmo o humor que, na dose exata, bem mineira, tempera e dá leveza aos textos sem jamais banalizá-los com o recurso do riso fácil. É também notável como esse dublê de crítico de cinema e cronista esportivo emprega sua cultura e informação sobre vários assuntos para iluminar seu tema – o futebol e, em particular, o Atlético.

Com essas qualidades, *Sempre Acreditamos* torna-se um presente muito especial ao torcedor do Galo. Mas é também um regalo para todos aqueles que, mesmo sendo torcedores de outros times, sabem saborear as histórias do futebol e suas narrativas épicas em textos muito bem escritos.

Luiz Zanin é crítico de cinema e colunista esportivo do jornal O Estado de S. Paulo.

PRETO
NO
BRANCO

Sentado no gelado vaso sanitário de uma simpática pousada holístico-ecológica da pequena cidade mineira de Carrancas, por volta de 6 horas, com o notebook em meu colo, brigando com as teclas que tanto me provocavam desconforto ao romper o silêncio matinal. A esposa e a filha estão do outro lado da porta, aguardando ansiosamente a minha saída para uma participação em família das atividades do dia.

Tenho que admitir: não queria estar ali. Assim como outros companheiros atleticanos que, naquele feriado de Corpus Christi, em 2013, aceitaram a viagem sem imaginar que o Atlético iria tão longe na Copa Libertadores. Uns mais corajosos foram buscar refúgio no alto de uma colina, na noite anterior, sem enxergar um palmo à sua frente, só para conseguirem ouvir o sinal de uma rádio de Belo Horizonte.

Acompanhei o dramático jogo contra os mexicanos do Tijuana a partir da precária transmissão do site de uma emissora, atrasada em mais de dez segundos em relação ao que estava acontecendo no estádio Independência. Quando o árbitro marcou o pênalti, nos últimos lances do segundo tempo, imediatamente peguei o celular e liguei para o meu pai, que narrou, emocionado, a milagrosa defesa de Victor.

Em situações como essa é que muitas das crônicas reunidas em "Sempre Acreditamos" foram escritas, num misto entre a *dead line* do jornalista, sempre pressionado pelo tempo, e o amor ao clube que nos faz superar qualquer coisa, de um passeio realizado em má hora aos solitários quartos de hotéis, durante os vários festivais de cinema que cubro, como um dos poucos atleticanos do grupo de críticos.

Assisti à desclassificação do Atlético na Libertadores do ano passado, em Recife, e, diante da péssima atuação do time, senti que os deuses do cinema haviam me punido por ter faltado à sessão no teatro Guararapes e permanecido em meu quarto. Numa fria Rio Grande do Sul, durante seleção de curtas-metragens do Festival de Gramado, levantei de madrugada para escrever e depois temi que não conseguiria vencer o sono em meio à maratona de filmes.

Mas não pense que meu lugar sempre foi distante dos campos de batalha. Principalmente nos instantes capitais, de decisão, eu estava lá. Foi assim quando levantamos a taça de campeão das Américas, ainda extasiado, livre, como toda a Massa, de um fantasma que nos atormentava há anos, e buscando palavras para descrever a mágica ocorrida poucos minutos atrás, promovida pelo bruxo Ronaldinho Gaúcho e outros predestinados.

O mesmo Ronaldinho se tornou o protagonista de minha crônica publicada no dia seguinte à conquista da Recopa, em 2014, quando fui o primeiro a se despedir do craque, que sinalizava com um tchau para a torcida o fim de sua genial passagem pelo Atlético. Alguns meses depois, novamente no Mineirão, indaguei, ainda com o time comemorando o título da

Copa do Brasil no gramado, até onde esse império iria estender o seu território.

Pais, filhos, esposa, parentes, amigos e vizinhos, todos eles, direta ou indiretamente, participaram de minhas crônicas desde que, em 23 de junho de 2012, passei a assinar uma coluna semanal fixa no caderno de Esportes do *Hoje em Dia*, minha segunda casa há exatamente 20 anos. Ajudaram-me a enxergar no futebol não a leitura fria dos números, mas o reflexo de nosso cotidiano.

Aprendi a ver isso cada vez que buscava temas próximos, não restritos aos boleiros, para registrar os feitos do Atlético, que, por essas coincidências do destino, voltou ao topo do futebol brasileiro exibindo ingredientes que iam da entrega à superação, do milagre às viradas históricas. São enredos eletrizantes que o coração de nenhum torcedor jamais irá esquecer e que, na medida do possível, tentei captar em meus textos.

A aguardada volta do Galo forte e vingador pode ser sentida em crônicas que, inicialmente apoiadas em pequenas narrativas bem-humoradas, foram mais e mais impregnadas por essa força contagiante resumida em duas palavras: Eu acredito! Ao criar paralelos dessa façanha com a nossa História, vamos encontrar uma razão, que está lá na essência do ser humano, para a gente bater no braço e dizer que SEMPRE ACREDITAMOS.

Paulo Henrique Silva

Aos meus pais, Rosa e Hamilton, primeiros leitores e incentivadores.

Aos meus filhos, Breno e Julia, que puxaram o pai em sua paixão (e não se arrependeram).

À minha esposa, Beth, que cuidou de casa enquanto me dedicava ao livro.

Aos meus amigos do *Hoje em Dia* e a todos editores que passaram pelo caderno de Esportes, agradeço esse importante espaço que me foi dado.

2011
A LIÇÃO

SEIS A UM

Dezoito mil torcedores do Cruzeiro comemoram, na Arena do Jacaré, o massacre sobre o Atlético. Seis a um. Eu me vejo indignado, sentado no sofá de casa, tirando o fone do ouvido, enquanto o meu filho chora mais uma vez, cena que virou costumeira naqueles últimos anos.

Lembro que me senti como um pai imprestável, culpado por obrigá-lo a conviver com a dor tão cedo. Ainda estava muito presente na memória o rebaixamento para série B em 2005. Levar o Cruzeiro à mesma situação, seis anos depois, teria o mesmo sabor das grandes conquistas.

Faltaram entrega, determinação e amor ao Atlético, um sentimento voraz que nos faz, até num jogo de truco, jamais admitir a derrota para o arquirrival. Como poderia imaginar que, com os restos daquele Galo, essa equipe tenaz e valente se faria presente.

Gostaria de dizer para você, eu de um passado não tão longíquo, que essa tristeza passará logo. Esse Galo tem a vocação para Fênix, chegando ao fundo do poço para renascer e iniciar um novo ciclo, desta vez aguerrido e dono dos maiores títulos de nossa história.

Réver, Leonardo Silva, Pierre e Guilherme estarão, exatamente três anos depois, num dia 27 de novembro, comemorando pelas ruas de Belo Horizonte, após vencerem o Cruzeiro diante de 40 mil torcedores rivais, na primeira vez que os dois times mineiros decidiriam uma competição nacional.

Por enquanto, só desejo a você que curta cada momento que virá. Gostaria de dizer que o sofrimento acabou. Não é verdade. Cada passo será muito sofrido, mas, no final dessa trajetória, terá valido a pena. As vitórias se tornam mais saborosas quando lutamos por elas.

Esse Jacaré de boca grande, quem sabe, pode ter iniciado essa reviravolta. Como nas lendas do folclore brasileiro, terá sido apenas uma velha feia com cara de réptil, a Cuca, que rouba as crianças desobedientes. Mas contamos com uma Cuca também. Ou melhor, "o" Cuca.

Talvez o grande responsável, com a sua camisa estampada com a imagem de Nossa Senhora, por atrelar essas conquistas a um caráter miraculoso. E como a mitológica Cuca, o treinador também gostava dos que se rebelavam, recebendo Jô e Ronaldinho de braços abertos.

Mas a lenda brasileira que tem mais a ver com a ressurreição atleticana é do Negrinho do Pastoreio, um menino-escravo que levou uma surra de seu dono por ter perdido o cavalo. No dia seguinte, estava sem nenhuma marca das chicotadas que recebeu.

Saiu em disparada pelos campos, sempre recolhendo os cavalos perdidos. Os que perdiam alguma coisa acendiam uma vela para ele e logo encontravam. História muito popular no sul, terra de Cuca e Ronaldinho, que simboliza a fé do torcedor alvinegro em reencontrar o Galo forte e vingador.

2012
A VOLTA AO TOPO

METAMORFOSE

Cuca deve estar muito bravo. Diz a lenda que, quando provocado, ele solta um berro capaz de ser ouvido a dez léguas de distância. É esse grito que estamos ouvindo até agora, após o treinador tirar o Atlético da zona de rebaixamento, no Brasileiro de 2011, e comemorar a conquista do Campeonato Mineiro pela segunda vez consecutiva.

Como o jacaré feioso do mito do folclore brasileiro, Cuca sabe lidar com crianças desobedientes. Só assim para explicar como ele transformou um time de baixo rendimento e desestimulado num grupo campeão, que já entrou para a história do clube ao vencer o certame regional de forma invicta –algo que não acontecia há 36 anos.

E, é bom que se diga, Cuca usou praticamente o mesmo conjunto que desonrou a camisa alvinegra com um vexame no clássico, perdendo de 6 a 1 na última rodada, e ajudando o arquirrival a escapar também da série B. Dos protagonistas daquela terrível tarde na Arena do Jacaré, só não continuaram Werley, Daniel Carvalho (quem?) e Magno Alves.

Das caras novas estavam em campo, na final contra o América, o zagueiro Rafael Marques e o meia-atacante Danilinho. Ou seja, muito pouco para provocar uma revolução na equipe. Não podemos dizer que é uma ressurreição, porque esse Galo nunca tinha mostrado tanto antes. A melhor palavra para definir o momento é metamorfose.

Talvez pouca gente saiba, mas Cuca (ou "Cucafera"), na Catalunha, era uma figura zoomórfica com corpo de tartaruga e garras e cabeça de dragão. Também exibia chifres ao longo da coluna. Antes de ganhar essa forma monstruosa, assemelhava-se a uma cobra. Assim como em outras regiões, geralmente aparecia nas festas de Corpus Christi.

No norte de Portugal, também durante esses feriados religiosos, a "Coca" virava uma santa, nada mais do que o dragão que lutava contra São Jorge. Se o monstro de hálito venenoso vencesse, assustando o cavalo do soldado romano, era um mau sinal: colheita ruim durante todo o ano. No Atlético, porém, o efeito parece ter sido contrário.

Se formos buscar no Dicionário de Língua Portuguesa, o primeiro de um autor brasileiro, publicado em 1789, "dar coca a alguém" significa ganhar o apoio dos demais com afagos e feitiços. Ao trazer Cuca para o Galo, a diretoria trouxe um nome capaz desses pequenos milagres. Mas para ser santificado pela torcida precisará de bem mais.

SELEGALO

Ok, o título não é dos mais felizes, por trazer péssimas recordações. Da época de Renato Gaúcho, Luís Carlos Winck, Gaúcho, Adilson Batista e Neto. E da pavorosa campanha em 1994, mais disputada na noite belo-horizontina do que nos campos de futebol.

As duas situações –jogador de nome e badalação – estão de volta, apesar de as partes envolvidas garantirem que o Atlético se tornará uma espécie de clínica de desintoxicação, pondo na linha atletas que costumam dar dor-de-cabeça por onde atuam.

Depois de Jô, é a vez de Ronaldinho Gaúcho, que acumulou problemas em sua passagem pelo Flamengo. Na comparação com a Selegalo, há semelhanças até no apelido de suas estrelas:

Gaúcho. Nada contra a brava gente do Rio Grande do Sul, que fique claro.

Renato chegou a indicar o técnico de sua preferência na época, Valdir Espinosa. E Ronaldinho provocou a queda de Luxemburgo no time da Gávea. Renato era muito amigo do centroavante Gaúcho. Ronaldinho e Jô (outro atacante varapau) se dão bem desde a seleção olímpica de 2008.

O Galo parece querer se igualar ao Cruzeiro, que também trouxe um campeão mundial de 2002, Rivaldo, para reforçar o time, dois anos depois. Como R49, tinha no currículo o título de melhor jogador do planeta, recebido em 1999. O dentuço levou o prêmio duas vezes, em 2004 e 2005.

Rivaldo não passou de dez jogos com a camisa celeste. O que esperar de Ronaldinho? O corpo elimina as toxinas naturalmente, principalmente pela transpiração. Esse processo ocorre em situações que a temperatura externa ou interna está elevada.

É exatamente isso que a torcida quer ver: elevar a pressão sobre os adversários, transferir calor para o jogo, botando fogo em todo o time, e, sobretudo, amar incondicionalmente esse clube e a Massa, que darão em troca um lugar no panteão alvinegro.

Para quem estudou biologia, sabe-se que os animais que não transpiram são mais lentos, preferindo sair de seu habitat durante a noite. Num time que adotou como arma a velocidade dos contra-ataques, um meia de ligação de ritmo mais cadenciado não seria a escolha ideal.

A idade pode não contribuir, mas que ele faça, então, como algumas famílias de plantas que usam a via CAM (de *Crassulacean acid metabolism*), armazenando dióxido de carbono à noite para, durante o dia, transformá-lo em glicose. Como glicose resulta em energia, logo temos ação.

Como curiosidade, vale lembrar que Cam (um dos filhos de Noé), em árabe, quer dizer justamente "quente" ou "queimado". Há uma grande diferença entre esses dois significados, em especial no futebol. Que Ronaldinho seja, no Atlético, sinônimo de vida e entusiasmo.

TRILEGAL

“Chinchado” quer dizer cheio no dialeto gaúcho. Com a chegada de Victor para a meta do Galo, o que não falta é jogador vindo do Grêmio, que também nos cedeu o zagueiro Rafael Marques e o armador argentino Escudero. Outros nomes do elenco carregam esse “sotaque”, como Jô, ex-Internacional, e Ronaldinho, gaúcho da gema revelado no “Imortal Tricolor”.

Ainda é muito cedo para saber se será algo “bagual” (ótimo), embora, há que se concordar, o time tenha começado o Campeonato Brasileiro melhor do que o esperado. É preciso que “aguente o tirão” (suportar as consequências ou uma situação difícil) até a última rodada, para “campear” (buscar) uma vaga na Copa Libertadores, o que não acontece desde 2000.

Alguém pode dizer "capaz" (de jeito nenhum), depois que Jô e Ronaldinho criaram muita "peleia" (briga) no Inter e no Flamengo, respectivamente. Mas tenho para mim que será um time "macanudo" (forte), principalmente por causa de Cuca, capaz de arrancar um título mineiro com o mesmo grupo que brigou contra o rebaixamento no ano passado.

Brincadeiras linguísticas à parte, o gaúcho é conhecido por sua bravura, lembrado, em séculos passados, pela habilidade com os cavalos. Nos exércitos de Brasil, Argentina, Uruguai e Paraguai, as cavalarias eram compostas em boa parte por soldados gaúchos. Não por acaso, o general Osório se tornou patrono da Arma de Cavalaria do Exército Brasileiro.

Osório tinha apenas 15 anos quando enfrentou oponentes portugueses durante a guerra pela Independência do Brasil (1822-1823), às margens do rio Miguelete, próximo de Montevidéu. Na Guerra da Cisplatina, foi o único oficial sobrevivente de seu esquadrão, durante a batalha do Sarandi, em 12 de outubro de 1825.

Por sinal, o principal torneio de futebol do continente carrega o nome de Libertadores da América em homenagem a líderes dessa época, que lutaram pela independência de seus países, como Simón Bolívar e José de San Martín. E não é esse espírito de luta a grande característica do torneio, em que é preciso mais do que técnica para vencê-lo?

Numa pesquisa acadêmica sobre a conquista das quatro Libertadores por Grêmio e Inter, capitaneada pela UFRGS, observou-se que, diferentemente do resto do país, quando são destacadas a alegria e a ginga, os termos mais usados para definir as vitórias estavam relacionadas à força e à garra. Em outras palavras: a "raça" que tanto a Massa almeja.

Reforçado por esses nativos (ou não, mas que aprenderam a entrar em campo com a alma na chuteira), podemos vislumbrar uma equipe que poderá ir longe, com o título do Brasileiro sendo aquela cidade sulista distante, mas tão desejada, cantada em "Com é longe Uruguaiana", em que a chegada será recompensada com a prenda.

RONALDO 69

Sem saber, quase Ronaldinho Gaúcho acabou com o casamento do meu amigo. É que desde que acertou com o Atlético, Fausto não passou a fazer outra coisa que não acordar, comer e dormir pensando no craque.

Extasiado, gostava de dizer que as datas mais marcantes de sua vida eram o dia que seu pai o levou, pela primeira vez, para ver uma partida do Galo, aos seis anos, e quando soube da contratação de R49.

Para falar a verdade, a Priscila, sua esposa, já tinha se acostumado com esse amor doentio pelo alvinegro, não sendo poucas as vezes que ele trocou as comemorações (inclusive as bodas de casamento) por um joguinho na TV.

Mas a vinda de Ronaldinho a fez sentir que estava com a bola murcha. Bonita, mistura de pele jambo com olhos verdes e corpitcho 2.5, Priscila foi viver com Fausto porque achava que era diferente dos outros.

Ele não bebia e, até onde se sabe, não farreava. A ameaça representada por R49, no entanto, levou-a a pensar que seria melhor ser traída por uma vagabunda qualquer.

Depois de muitas tentativas inúteis de reconquistar o marido, aproveitando conselhos das vizinhas para apimentar a relação (andar pela casa com baby-doll sensual foi uma delas), resolveu que era hora de dar um basta.

E assim entrou em cena o Ronaldo 69.

De uma hora para outra, o R69 começou a ligar insistentemente para a casa dela. A volta do serviço passou a ser mais demorada. O celular vivia desligado. E a janta no prato foi abolida sem mais nem menos.

Com medo de ser "rebaixado", o marido prometeu que o lugar dele não seria mais a arquibancada do Independência. E sim ao ladinho dela –dito em tom quase poético, como estivesse sacrificando tudo em prol do amor.

Ontem, depois de uma daquelas noitadas, numa espécie de segunda lua-de-mel, ele acordou ainda meio trôpego, passando direto pela cozinha, sem perceber, em cima da mesa, uma página de jornal com um círculo em vermelho no rodapé.

Era um anúncio sobre a inauguração de agência que prometia reaproximar casais em dificuldades amorosas devido ao fanatismo futebolístico. Para Ronaldinho Gaúcho, discava-se o número e o ramal 49.

O nome de Danilinho não constava do anúncio, claro, mas oferecia-se um serviço especial para adolescentes por causa de Bernard. Às de idade mais avançada, Dadá e Reinado, além de Telê Santana para as saudosistas.

VICTOR SALVADOR

Quando me dei conta, o Cobreloa já tinha partido para a Espanha. Vai fazer o caminho de São Tiago de Compostela. Disse que era promessa. Meu amigo de infância e peladas nos campinhos de várzea, que recebeu esse nome ao participar do futebol de botão com as cores do time chileno, já tinha apelado a todos os santos para algum goleiro vingar na meta do seu Galo.

Prometeu que não iria mais beber e veio o Carini, lá do Uruguai. Depois que o arqueiro sofreu aquele frango diante do Ipatinga, com a bola passando debaixo de suas pernas, num chute de longe de Jajá, ele voltou do campo sem conseguir disfarçar o alto teor alcoólico no sangue e teve que dormir na casinha do cachorro.

Prometeu que não iria mais trair a esposa e veio o Juninho. A cada derrota para o Cruzeiro, saía direto do estádio para a Rua Guaicurus. Entre as meninas, ficou conhecido como "Juninho FDP", pois não parava de xingar o goleiro enquanto... Bom, enquanto estava por lá.

Prometeu que não mudaria de emprego como trocava de roupa, para desespero da comadre, Luísa, e veio o Aranha. O tamanhão era inversamente proporcional ao talento para sair com segurança nas bolas lançadas na área. Resultado: não foram poucos, no espaço de um mês, os patrões que deram cartão vermelho para o Cobreloa.

Prometeu que não xingaria a sogra, que aturaria a sua caduquice ao contar a mesma história cinco vezes em menos de uma hora. Veio o Rafael Costa. Desta decepção, ele não se recuperou até hoje e a senhora, pobrezinha, foi escorraçada de casa a correiadas.

Não prometeu nada quando Renan Ribeiro virou titular do Atlético. Só deixou de ir ao estádio. Não ouvia mais o noticiário com o interesse de antes. A camisa do centenário ficou jogada num canto qualquer do guarda-roupa. Quando a turma falava em futebol, dava um jeito de sair de fininho.

Agora foi a comadre que fez promessa, após ver o marido se definhando, desestimulado de tudo. Nem Ronaldinho Gaúcho motivara o homem. Era a chegada do Victor, pensei. Desde Taffarel não se via tanta expectativa da massa atleticana sobre um goleiro. Pelo jeito, não vai deixar passar nem vento na partida contra a Portuguesa.

Quando liguei para saber se estava tudo bem com a Lu, atendeu um tal de Victor. Não era o goleiro. Depois que a Luísa passou a falar insistentemente Victor durante o sono e de o nome do ex-gremista ser confirmado no Galo, meu amigo achou que finalmente suas preces haviam sido atendidas. E pegou o primeiro avião para a Espanha.

QUERO SER GRANDE

Sempre atento ao mundo da bola, com seu faro detetivesco para escavar grandes pautas, o Gláucio Castro, aqui do Hoje em Dia, é testemunha ocular do fato mais estranho ocorrido até agora em 2012: a troca de "corpos" entre Atlético e Cruzeiro. Como num desses filmes fantásticos de Hollywood, os dois grandes rivais de Minas chegaram aos primeiros sete meses do ano protagonizando enredos que o "outro" estava acostumado a viver.

Começou com a carta aberta dos jogadores do Cruzeiro, reclamando os salários atrasados, algo que não era corriqueiro na Toca da Raposa. Depois veio a ideia de comprar jogadores sem grande nome e de baixo custo, filosofia que nunca deu certo no Atlético, vezeiro histórico em adquirir abacaxis e mexericas, que resultaram em campanhas que sempre beiraram a parte de baixo da tabela do Campeonato Brasileiro.

Fora a chegada de uma onda de azar que também sempre assoprava para o lado de lá, como contratação de jogadores contundidos – o argentino Martinuccio é o caso mais recente. Isso quando não chegavam como solução para um determinado setor e se machucavam, como o zagueiro Alex Silva, que provavelmente não voltará a vestir a camisa celeste neste ano. Por mais que tentem tirar Victorino, ele sempre aparece como titular.

Zica mesmo é observar a falta de pontaria de atacantes como Wallyson, Anselmo Ramon e Wellington Paulista, que repentinamente desaprenderam a estufar as redes. Tão braba que chego a duvidar se Borges conseguirá fazer pelo menos metade dos gols da temporada passada. Meu receio é que o ex-santista sofra de uma miopia súbita ou outro problema de visão qualquer, mirando a bola lá na torcida.

O Atlético, por sua vez, pode se dar ao luxo de ter um Marcos Rocha errando todos os cruzamentos e pegando o rebote para abrir o placar contra a Portuguesa. Ou mesmo o baixinho Danilinho marcando um gol de cabeça (!!!!) diante do Corinthians. E quando tem um jogador no Departamento Médico ou suspenso, corre-se o risco de o substituto atuar ainda melhor. Foi assim que Jô virou o demolidor tanque alvinegro.

Até mesmo quando há um bate-boca entre jogador e técnico, que poderia "melar" o ambiente da equipe, surge um Ronaldinho Gaúcho para apaziguar. Sim, aquele mesmo acusado de atrapalhar os treinos do Flamengo. O que serviria de munição para manchetes de jornais transformou Cuca numa espécie de Bernardinho, o técnico da seleção de voleibol. Não é à toa que uma das frases preferidas do grupo é afirmar que são uma família.

E como explicar que, por mais que revisemos a lista de jogadores, não há qualquer possibilidade de criticar uma contratação que seja desse ano. O estoque de piadas sobre o assunto, muito farto no passado, com atletas que chegavam num dia e saíam pela porta dos fundos na manhã seguinte, está próximo do zero. Número, por sinal, que pode também ser usado para falar da defesa atleticana, que daqui a pouco poderá ser vista do céu, assim como a muralha da China.

FLANELINHA

Com a Beth viajando inesperadamente para São Paulo e o dever de receber os meus sobrinhos durante as férias, o espaço de 72 metros quadrados do meu apartamento foi invadido por sete garotos na pior fase da adolescência.

Além das brigas diante do X-Box, não poderia faltar as gozações futebolísticas. Por mais que eu tenha decretado o mês dos Jogos Olímpicos em casa, o futebol não saía da conversa, com torcedores de Cruzeiro, Atlético, América e até um palmeirense, da família paulista da Beth, maior rival dos primos atleticanos em alegria, após a conquista da Copa do Brasil.

O único que parecia alheio a tudo era o Tatá, da turma dos atleticanos, que permanecia horas debruçado na janela, observando o que acontecia no apartamento ao lado. Preocupado, pedi ao Breno, meu filho, para acompanhar o que tanto olhava. Em troca de passe livre para ir ao cinema com a namorada (nessa idade, não há nada de graça), obtive a informação de que meu sobrinho estava descobrindo o amor. Uma paixão que não se via há muito tempo, sinalizada de forma delicada e respeitosa. Sem a pressa da turma de hoje.

Todos os dias, a menina acenava para ele com uma espécie de lenço laranja. Como pouco acompanhava as novidades da molecada, imaginava que era um código romântico qualquer dessa geração. Dei uma busca na internet, passando a adorar mais ainda essa cor que, redundantemente, é sinônimo de uma fruta.

"Cor alegre", li num site sobre signos, e "ideal para afugentar emoções negativas", colhi em outro, voltado para coisas esotéricas. Gostei de saber que ela nos faz sentir mais compreensivo em relação aos defeitos dos outros, estimulando o desejo de perdoar.

O meu encantamento, porém, não durou muito. Três dias depois, o Tatá entrou em casa chorando, com uma flanela na mão. O tal lenço laranja era um desses panos de limpeza, muito usado pelos guardadores de carro, que ingenuamente ele foi buscar na garagem, após a garota tê-lo deixado cair. Tinha uma etiqueta em que se lia: "Não se iluda, não. Será igual a 2009. Guarde uma vaga para a gente na Copa Libertadores. Seu flanelinha!".

Se não recebeu a esperada correspondência amorosa, Tatá ganhou dos primos um novo apelido, além de um novo estímulo para torcer doentiamente contra o Cruzeiro. De volta à normalidade, não perde uma resenha esportiva sequer.

R49
SALVA
BELO
HORIZONTE
CITY

No alto do edifício Acaiaca, Ronaldinho respira fundo, não escondendo seu ar de enfado ao ver nos céus de Belo Horizonte City o sinal luminoso do R49. Desde que ganhou o título de Cidadão Honorário, em 2012, ele foi transformado em herói, vestindo capa e máscara. Apesar de todo mundo saber sua verdadeira identidade, uma grande loja de festas passou a patrocinar o ex-atleta, incluindo no contrato que deveria estar uniformizado.

Logo também teve que abdicar o Gaúcho do nome e substituir por Mineiro, sugestão de uma empresa especializada em marketing.

Uma casa foi construída no interior da Gruta da Lapinha, em Lagoa Santa, também por força de contrato com uma agência de turismo local. Além de estalactites e estalagmites, a presença de Ronaldinho Mineiro é uma das atrações. Na verdade, o herói nunca morou lá, só cumprindo o horário de 9h às 12h e de 14h às 17h.

Cansado e frustrado, ronda constantemente o CT do Galo, desabafando com Cuca, vereador e presidente do Atlético desde que quebrou o jejum do time em títulos nacionais. Ronaldinho é só nostalgia ao falar daquele ano histórico, quando foi carregado nos ombros pelos torcedores do Independência até a sede de Lourdes.

O envolvimento dos atleticanos é inesquecível. Primeiro, a recepção com sinalizadores ao ônibus da equipe na chegada ao estádio. Depois, os fogos de artifício com os nomes dos jogadores. Por fim, se viu no papel de "milagreiro", com as pessoas fazendo questão de tocar seu cabelo para mudar de sorte. Um reality show o acompanhava 24 horas, um dos muitos programas que participou na TV. De uma hora para outra virou um Caetano Veloso, dando opinião sobre tudo.

Dez anos depois, já distante dos gramados, os únicos vilões a combater são flamenguistas que ainda o chamam de "traidor" e que, na falta de um inimigo famoso com as cores vermelha e preta, aparecem vestidos de Freddy Krueger.

De volta ao presente, Ronaldinho olha para a Afonso Pena silenciosa e escura e resolve que é hora de aposentar o uniforme, saltando para o vazio. Será o fim de nosso herói? Conseguirá sair desta armadilha existencial?

MEL: O CLÁSSICO DAS MULTIDÕES

Foi aquele rebuliço no prédio. Viciado em jogo até dizer chega e cruzeirense roxo, o Carvalhaes pôs a sua mulher na aposta. Eu logo protestei. Da onde se viu, em pleno 2012, depois que as mulheres queimaram o sutiã e ocuparam seu lugar na sociedade, o meu vizinho comete uma tolice machista como essa.

Incitado pelo Beiçola, atleticano que agora está por cima da carne seca, o Carvalhaes não poderia (na mente doentia dele) ficar fora da jogatina justamente no momento em que seu clube enfrenta o maior rival e líder do campeonato.

Com algumas doses a mais de cerveja na cabeça, ele bateu no peito e soltou que estava tão confiante na recuperação cruzeirense em cima do "freguês" que apostaria até mesmo a sua companheira de 12 anos. Para quê! O Beiçola provocou e fez com que aquela coisa dita de boca para fora ganhasse contornos reais.

Todo mundo condenou. Pelo menos, no início. Para falar a verdade, só no iniciozinho mesmo. Logo em seguida, o Cacá, que nunca escondeu ser tarado pela mulher do vizinho, um monumento da Natureza de 29 anos, colocou na mesa 600 "pilas". O dinheiro contra a Mel, nome tão doce quanto a sua portadora...

Diguim, que faz o tipo cruzeirense chato, também pôs R$ 600. "Peraí!", esbravejei. A coisa já estava fugindo da razão. Clamei pelos deuses do futebol e tal. Diguim, com vergonha, tirou R$ 500. "Eu me contento com as preliminares", avisou.

Tudo isso feito e falado sem o consentimento da Mel, entregue de bandeja pelo próprio marido aos que tanto invejaram sua conquista. Sim, porque não há Libertadores que chegue aos pés da moça, linda, inteligente, tudo farto e... Enfim, quando me dei conta, todos os vizinhos e os vizinhos dos prédios em volta, assim como os vizinhos da rua de cima, já estavam dentro da aposta.

Se o Cruzeiro ganhar, o Carvalhaes será um homem cheio da grana. Por baixo, calculei uns R$ 40 mil, preço de um carro zero. É bom dizer que o amigo merecia. Sempre foi um lutador. Desde pequeno, ajudava a família com as despesas de casa. O pai morreu quando ele tinha cinco anos e a mãe pirou antes dele completar a maioridade. Talvez a Mel aceitasse esse papel ultrajante para recompensá-lo. Sim! Mulher de ouro! E pelo bem do Carvalhaes, pus R$ 1 mil. "Quem paga mais tem a preferência", alertei.

LÍDER, PERO NO MUCHO

Estou me sentindo um Réver ou um Leonardo Silva. Ou melhor dizendo, como a defesa inteira do Atlético nessa preocupante fase de oscilação do time no Campeonato Brasileiro.

Vou explicar o porquê: como acontece todas quintas-feiras, a Beth reúne lá em casa as amigas para jogar conversa fora e... Bem, acho que não fazem outra coisa a não ser jogar conversa fora mesmo.

Eu aproveito a reuniãozinha para sair e jogar bola no campo do Recanto, seguido de churrasco, cerveja e petiscos gordurosos que, no meu entendimento, repõem o que gastei em campo.

Nesta semana esqueci as caneleiras e voltei para casa, depois de meia hora, para buscá-las. Não queria passar pela porta da sala, porque a sensação é de estar sendo censurado por aqueles olhares.

Da cozinha, pé ante pé, ouvia os risinhos. Claro, fiquei curioso e aproximei o ouvido da direção da sala. Para falar a verdade, já tinha feito isso, exatamente num momento em que a Rosinha confessava suas investidas com o vizinho.

Nesse mesmo dia, ouvi meu nome também. Fiquei receoso em tomar conhecimento do que não devia (ou devia, sei lá). E já estava me preparando para entrar na sala e apontar o dedo para a Beth.

Mas ela não só evidenciou sua fidelidade como também destacou as qualidades do marido, tanto nas movimentações em vertical, horizontal e diagonal. Eu me senti como um R49, ouvindo os aplausos da torcida.

Quinta passada foi diferente. No lugar de destacarem o espetacular Ronaldinho, as mulheres ressaltaram os sete gols sofridos pela defesa do Galo nos últimos quatro jogos.

Enquanto a Beth desvalorizava o meu passe e jogava o meu futebol –agora sem criatividade –para a terceira divisão, eu me senti na pele do árbitro Nielson Nogueira Dias, alvo de vários objetos lançados pela torcida cruzeirense no clássico.

A minha sorte é que, como o Atlético, apesar do momento de instabilidade, continuo na liderança. Após a Beth analisar meu desempenho, as outras mulheres foram ainda mais duras com seus maridos.

Décio, pobre coitado, parece o Cruzeiro. Uma hora é pé no acelerador, na outra mete os pés pelas mãos. E Bebeto, artilheiro das peladas no Recanto, está igual o Figueirense. Só mira para baixo!

SEGUNDO TURNO

O Klaus e o Benício são inimigos declarados por mera razão futebolística. Tudo porque quando um gol do Atlético saía, o Klaus ia para a janela e gritava "Galo!". Ou quando o Cruzeiro marcava o seu, o Benício também enchia os pulmões para todo o bairro saber para quem torcia. Logo virou uma disputa de quem, primeiro, gritava mais alto. Segundo, de quem fazia mais barulho, com cornetas e tapas na parede. E, num terceiro momento, com a disputa de palavrões pela janela.

Por conta desse retrospecto, eu me surpreendi quando vi os dois sentadinhos na sala de estar do Benício, na última terça-feira, para acompanhar Real Madrid e Chelsea pela TV. Claro que dei um jeito de todo o prédio saber e, vez ou outra, um descia para comprovar o que eu dizia. Os dois conversavam animadamente sobre cada lance do jogo. Klaus, didaticamente, explicava a sua torcida contra o Real, por ser o time que o ditador Franco abraçou na Espanha.

As esposas estavam felizes, porque finalmente não precisariam esconder mais a sua amizade. A Neusa levou um prato de salaminho e se esgueirou imediatamente para a cozinha, para pôr a conversa em dia com a Vilma. Mandei a Beth, minha esposa, ir atrás e tentar descobrir o que estava acontecendo. O Pablo, que virou o síndico, já fazia planos sobre reformas, pois não havia reunião sequer em que os dois não discutiam e descambavam para o assunto futebol.

Não foram poucas as vezes em que eu e o Pablo tivemos que apartar brigas feias na porta de um ou de outro. Muitos vizinhos foram embora por causa dos escândalos. Mas bastou começar o segundo turno do Campeonato Brasileiro que tudo mudou. Parece que a gota d'água foi no domingo. Irritado, o Klaus desligou a televisão após a derrota do Atlético para o Náutico e falou que não queria ver o time despencar na reta final. O Benício fez a mesma coisa após a partida do Cruzeiro contra o Vasco.

Ambos saíram na mesma hora e deram de frente um com o outro, numa topada que poderia muito bem culminar em outra briga. Um apagão qualquer aconteceu porque tanto Klaus quanto Benício trocaram imediatamente desculpas, com aquela fúria repentinamente deixada de lado. Eram só gentilezas. Antes de eu remediar a situação provocando um novo encontrão, o Pablo, que é veterinário e torcedor gremista, me aconselhou: "Deixe assim, é o vírus do segundo turno. Estão voltando à normalidade", observou, ainda com um pedacinho de salaminho na boca.

O
CALENDÁRIO
DE
CUCA

O tradicional joguinho de cartas na casa do Carlinhos foi adiado para novembro, justificado por uma minuciosa análise do mês, em que meu amigo teria que barganhar com a família duas festinhas do Dia das Crianças, um casamento em Ponte Nova e uma visita ao sítio dos sogros. Uma sequência ruim provocada pelo calendário, lamenta, ao telefone. O medo de a esposa obrigá-lo novamente a ter que dormir no sofá da sala, penso eu.

Lá em casa, o Breno, meu filho, explica as baixas notas no colégio como uma sequência de provas que não o beneficiaram, começando por Matemática, Física e Espanhol. Garante que, no décimo mês do ano, o resultado será melhor, ao ter pela frente Português, Biologia e História. Solicita, como prova de confiança, R$ 50 para ir ao cinema com a namorada. Respondo que a sequência de compras feita pela mãe me deixou sem nenhum tostão.

Parece que todo mundo resolveu adotar o discurso do técnico Cuca para explicar uma má fase qualquer. Dou uma olhada nos meus alfarrábios para encontrar um indício de que o inventor do calendário gregoriano queria, na verdade, arrumar uma dúzia de desculpas diferentes, convenientes a cada situação. Não estava errado. Descubro que a ideia de um grupo de especialistas reunido pelo Papa Gregório XIII era realmente encobrir o erro de um tal Juliano, que tinha feito as contas equivocadamente.

Aí resolveram criar anos bissextos e omitir dez dias do calendário juliano, entre 5 e 14 de outubro de 1852. Assim, sem mais nem menos. Quem nascesse dentro do período não poderia comemorar aniversário? E se eu estivesse esquecido de buscar a Julia na escola mereceria ter as roupas jogadas da janela? E se eu tivesse falado para a minha cunhada que eu casei com a Beth só para ficar perto dela, minha esposa seria obrigada a me perdoar? Tudo isso, é bom deixar claro, no campo das hipóteses...

Encuquei (desculpem o trocadilho) mesmo com setembro. Por que é o nono mês do ano se, em latim, significa sete? Em nova pesquisa, descubro que o ano tinha apenas dez meses. Depois é que foram acrescentados janeiro e fevereiro. Fevereiro, aliás, é derivado de Februalia, período em que se fazia sacrifícios para receber o perdão. Bem que os jogadores do Atlético poderiam burlar o calendário e realizar seus sacrifícios em campo agora. E, assim, ter o perdão da torcida pela atuação apática dos últimos jogos.

COM
OU
SEM
RONALDINHO?

Deve ter sido alguma troça do Pablito, porque quem atendeu a ligação foi uma garota de programa que prometida ser um furacão na cama por preços bem módicos.

Depois de conferir duas vezes o visor do celular e constatar que não tinha errado de número, deixei-me levar pela brincadeira de meu colega.

Perguntei qual era o serviço mais caro, ouvindo dela minuciosa explanação envolvendo custo/benefício. No final, a atendente ofereceu o que seria a opção mais atraente: “Com ou sem Ronaldinho?”.

Imediatamente me lembrei do Lilico, o rapaz que olha o meu carro enquanto estou no trabalho. “Com ou sem Ronaldinho?”, indagou, quando pedi para jogar uma aguinha no possante.

Como assim? "Doutor, é que com Ronaldinho a gente põe mais brilho, capricha mais, entende? Com a sua senhora, terá garantia de espetáculo", explicou.

E sem? Já na explicação do meu mecânico, o trabalho demora mais, porque os outros passam na frente. "Com Ronaldinho, os caras ficam mais motivados", alertou o Gilmar.

Mas dá para fazer um Ronaldinho num Fiat Uno 1992 arranhado e quase caindo aos pedaços? "Dá, e se dá! Olha o Atlético, não ganhava nada antes. Agora virou uma Ferrari".

No restaurante, a mesma coisa. "Com ou sem Ronaldinho?", já foi logo perguntando o garçom. Ronaldinho, no caso, é o velho e bom colarinho, a espuma que fica por cima da cerveja.

Agora ao telefone, com a garota de programa, estou diante novamente desse dilema. A curiosidade, portanto, era grande sobre o que seria esse atrativo a mais. O que faria desse Ronaldinho tão especial?

"Ronaldinho é o nome do meu namorado. Trabalhamos juntos muitas vezes", detalhou. Horrorizado, desliguei o telefone na hora. No meu time, esse Ronaldinho não entra!

CHAMA
O
SÍNDICO

O Zacarias era o nosso STJD, aquele que todo mundo recorria quando um problema afetava a boa relação entre a garotada no campinho improvisado do Santa Inês, no terreno que mais tarde seria transformado em linha de metrô.

O nome de verdade era Vilson, mas a gente chamava de Zacarias porque sua peruca lembrava muito a do integrante dos Trapalhões. Ele tinha uma casinha pertinho de onde jogávamos e, após espantar uns grandalhões da rua Cordislândia que queriam tomar conta do pedaço, virou nossa instância máxima.

Lembrei dele agora que os locutores desafiaram o STJD a punir o Santos devido ao atraso na remoção do zagueiro atleticano Rafael Marques para o hospital, já que a ambulância não conseguia entrar na Vila Belmiro.

Depois que o órgão resolveu dar um gancho de duas partidas a Ronaldinho Gaúcho por uma falta não assinalada pelo juiz, o STJD ficou com a credibilidade comprometida. Assim como o Zacarias em meus tempos de pelada.

Ele começou a achar errado meninos de idades diferentes jogarem entre si. Quis porque quis estipular divisões etárias, mas não deu certo. Para os pequenos, a graça estava em jogar com os maiores para aprender, mesmo quando perdiam no corpo a corpo. Marcar um gol ou realizar um drible nos mais velhos era a glória, garantia de respeito entre todos.

Também inventou de padronizar a vestimenta, exigindo tênis e camisa. O Ligerinho não gostou nadinha, porque acostumou-se a jogar descalço. E combinar para que os jogadores de um time adotassem a mesma cor de roupa era sempre um problema. Não adiantou: voltamos logo ao tradicional "com" e "sem" camisa.

Quando ele descobriu que eu estava de namoro com a filha Neusita, fez de tudo para me deixar longe do campinho. Falou várias vezes com a minha mãe que eu não sabia brincar, porque não tocava a bola para o companheiro e era fominha. E no dia que fiz uma entrada dura no Neném, o escarcéu foi tanto que pensei que seria preso.

Até que a garotada encheu o saco e resolveu dar um basta naquele autoritarismo disfarçado de disciplina. Não sei como, mas a peruca do Zacarias foi colocada numa meia feminina e serviu de bola a tarde inteira. Cada chute naquele campinho de terra teve um gostinho muito especial.

MALOUDA
E
COQ
AU
VIN

Meu compadre Zé Bento faz biquinho em frente ao espelho. Está treinando francês, diz ele, à espera daquilo que denomina como a maior contratação da história do Atlético: o meia Malouda.

Acredita que o jogador não será como o sérvio Petkovic, que chegou ao Galo como estrela, mas pouco brilhou. Não é novo (tem 32 anos), mas estava vinculado a um dos times mais ricos do mundo: o Chelsea, onde atuava desde 2007.

Essa é, por sinal, uma das várias semelhanças de Malouda com Seedorf, que escolheu outro alvinegro para atuar no Brasil – o Botafogo – depois de uma longa temporada no Milan, da Itália.

Os dois jogadores, por sinal, têm origem sul-americana. Seedorf nasceu no Suriname, território holandês, enquanto Malouda é originário da Guiana Francesa. Além de tudo, são casados com brasileiras, o que facilitaria a adaptação. E ainda ganhariam, de lambuja, alguns pontos com a patroa.

Mesma tática usada pelo Zé, que está capitalizando a seu favor a possível contratação do francês. Quarta-feira ligou do restaurante onde jantava, junto com a Malu, só para falar que estava experimentando novela na cozinha. O quê? "É, é francês, é chique!". Não seria *Nouvelle Cousine*?

Mas voltou com fome, após reclamar do tamanho do prato e da conta, completamente opostos, e resolveu passar no supermercado para fazer um sanduíche. Ainda assim, não deixou a mania francesa de lado e comprou um queijo roquefort. Depois que viu o mofo em cima dele, natural de seu processo de maturação, o Zé jogou fora, pensando que estava estragado.

Gostou de saber que o foiegras vem de um ganso super--alimentado. Logo imaginou um meio-campo robusto com R49, Malouda e PH Ganso. Não quis o Blanquette de Veau, trocando a carne de vitela por algum pensamento sujo.

Seu prato preferido passou a ser o *Coq au Vin* (Galo ao vinho tinto), por motivos óbvios. Ficou feliz ao saber que o prato foi criado pelo imperador romano Julio César quando conquistou a Gália.

O nome da região, por sinal, vem da ave, em latim, e do céltico Galiã, que significa força. Assim surgiu a ideia do galo como símbolo da França. Zé ficou extasiado com a história. Nada mais justo do que unir esses dois galos, o francês e o mineiro. Só não gostou do apelido da seleção do país, *Les Bleus*. Azul, só o céu. Mesmo assim, prefere a tempestade.

PLANO B

Os adversários descobriram a fórmula para interromper a série vitoriosa do alvinegro, campeão do primeiro turno do Campeonato Brasileiro que agora vê o Fluminense tomando definitivamente o seu posto, muito próximo de botar a mão na taça.

Basta prender os laterais na defesa e sufocar Ronaldinho, tomando a bola no meio-campo e partindo em rápido contra-ataque. Plano B? Não há. Aliás, o tal plano B nunca existiu. Não é porque, em nosso alfabeto, o B vem depois do A que a letra deve ser a segunda melhor alternativa.

A expressão é uma corruptela do inglês "b.plan", que costuma aparecer em muitos filmes de ação quando a primeira ideia, por algum motivo, não pôde ser executada. Precavidos, os americanos sempre pensam numa segunda opção. Algo que o Atlético não tem nesse momento.

Berola estaria longe de oferecer algo novo no esquema tático de Cuca, mas a culpa não pode cair em suas costas. Ou pelas costas dos zagueiros atleticanos. "B.plan" é uma abreviação de "back-up plan". Quem tem computador em casa sabe que é uma forma de não perder o que se fez.

Em nosso caso, não é simplesmente criar uma cópia de segurança, mas ter uma variação tática e de elenco que possa ajudar nos momentos de dificuldades. Um banco mais vistoso faz muita falta nessa hora, como verdadeiro "plano de apoio".

Esse é o significado de "b.plan", que, ao ser transferido para o nosso vocabulário recheado de termos ingleses da moda, acabou virando simplesmente "plano B", como se a soma das palavras traduzidas produzisse o mesmo resultado.

Evidentemente que, quando os árbitros fazem parte desse "b.plan", marcando um número expressivo de pênaltis e faltas próximas da área, tudo fica ainda melhor. Não deixa de ser curioso que a arbitragem foi adotada, na Antiguidade, para se ter soluções rápidas e evitar grandes prejuízos.

Em tese, a arbitragem não deveria pender para nenhum dos lados, já que, no mundo dos negócios, é escolhida e paga pelas partes interessadas. No Campeonato Brasileiro, porém, a impressão é de que o Atlético pôs na conta e se esqueceu de quitar o débito.

RONALDINHO
NÃO
É
UM
ZINHO

Não é por acaso que o auxiliar técnico do Atlético atende por Cuquinha. Além de ser parecido fisicamente com seu superior, vai ao encontro da filosofia do "inho" adotada por Cuca na temporada 2012.

Cada frase do treinador – especialmente após uma boa vitória – tem aquilo que, na nossa gramática, é definido como o grau que diminui ou atenua as proporções normais do substantivo. Sim, o velho e bom diminutivo.

Tem jogador que prefere o contrário, o aumentativo, principalmente zagueiros que querem se impor aos atacantes pelo nome. Embora Luisinho, um dos melhores beques da história do Atlético, tenha dispensado tal artifício e, assim mesmo, conquistado seu lugar na Seleção Brasileira de 1982.

A gramática diz ainda que o diminutivo é frequentemente atrelado a uma conotação afetiva, o que vale para definir a relação de Cuca com seus subordinados, agindo como um "paizão" (ou paizinho, como preferir) para eles.

Assim vimos um monte de "inhos" na equipe vice-campeã. O maior deles, Ronaldinho, foi a estrela do campeonato após ser execrado no Flamengo. Bem feito para o Zinho. Aliás, os estudiosos do Português afirmam que "zinho" é um equivalente mais pejorativo de "inho" – é muito diferente falar, por exemplo, menininha e meninazinha. Portanto, o diretor executivo do Flamengo nunca estaria nos planos do Atlético. Melhor para o R49.

Imagino como deve ter doído em Cuca a saída de Danilinho, "inho" de talento, mas que acabou virando um "zinho" por sua indisciplina. Dizem as más línguas que Triguinho, ressuscitado no último jogo do Brasileiro, só continuou na equipe por causa do "inho". Assim como o atacante Juninho.

A escolha por "inho" ou "zinho", ainda segundo os estudiosos, é definida por seu uso. Por entrar apenas no final das partidas, Neto Berola poderia se metamorfosear de Berolazinho. De Soutinho o Fillipe Souto se tornaria Soutozinho.

Com Diego Tardelli chegando, Jô corre o risco de perder a posição de Joinho (de joinha) da torcida para ser um reles Jozinho. Já o goleiro Victor deve estar muito apreensivo. Pior do que ser Victozinho seria ir direto para Victorino, cujo uso o Cruzeiro conhece muito bem.

PEDIDO DE NATAL

Querido Noel, como não pedi nada no Natal passado, por achar que 2012 não poderia ser pior que a temporada anterior, espero que o senhor não estranhe o meu desejo para 2013.

Sei que o Atlético não tem qualquer tradição na competição e que não a disputa desde 2000, hoje talvez com uma vaga ideia de que como é jogar contra um time de ponta da Argentina ou do Chile.

Mas o Galo fez por merecer para, agora, representar o Brasil ao lado de Fluminense, São Paulo, Grêmio, Corinthians e Palmeiras. Depois de dois anos rondando o rebaixamento, voltamos a ser grandes.

Que me desculpem os adversários, que também fizeram o seu papel, porém preenchemos todos os requisitos como bons meninos, principalmente quando a bola estava nos pés de Ronaldinho Gaúcho.

Ele foi muito travesso no Flamengo, admito. No entanto, como nessas histórias natalinas de regeneração, Ronaldinho mudou, emprestando-nos uma alegria como há muito tempo não se via.

Há uma espécie de luz que o acompanha, transformando um toque que seja em magia. É generoso e solidário com seus colegas, sempre os colocando na cara do gol.

O gol, o senhor sabe, é a benção, a emoção compartilhada por milhares de torcedores. Não era qualquer gol. Havia um movimento, uma engrenagem, que fazia nascer cada um deles. Poderiam ganhar nomes.

Um gol como aquele que Ronaldo marcou sobre o Figueirense, ao fazer a bola correr por baixo da barreira, numa cobrança de falta, tem data e hora, como se fosse uma ocasião especial.

Cada jogo ganhou essa feição para nós. Fomos testemunhas desse casamento entre o melhor Atlético dos últimos anos e o Independência, uma casa que nos recebeu com grande generosidade.

Talvez tenhamos sido punidos nos instantes finais pela falta do desobediente Danilinho, mas não importa. Provamos que, com a mudança de espírito exigida por Cuca, ainda podemos ir muito longe.

O título do Brasileiro não veio mais uma vez, porém esse grupo merece, por seu comprometimento e excelência, levantar, de maneira histórica, o caneco da Libertadores.

2013
ANO MÁGICO

ENTRE
A
CEREJA
E A
UVA-PASSA

Nenhuma das contratações atleticanas até agora é a cereja anunciada por Kalil. Estão mais para uva-passa. Aliás, nunca a fruta vermelha, pequena e arredondada, esteve tão em voga. Os produtores devem agradecer muito ao Atlético, depois de tentarem emplacar seu produto como refrigerante, suco, doce e pasta de dente,sem sucesso.

A framboesa, outra da turma das vermelhinhas, é mais bem-sucedida, apesar de seu aspecto enrugado e de não ser cultivada em grande escala no Brasil. Ela precisa ser importada devido à necessidade do ambiente frio. É imperioso que seja submetida a, pelo menos, 700 horas do ano a temperaturas inferiores a sete graus.

Ao que parece, a única função da cereja é a de realmente enfeitar o bolo. Minha filha Julia nunca come. Como a ensinei a ter bons modos, ela não cospe e faz cara feia como algumas de suas coleguinhas. Para não desagradar os anfitriões, põe a mão na boca e despistadamente joga por baixo da mesa. Algo que não a ensinei, é bom que se diga.

No aniversário da amiguinha Amanda, domingo passado, percebi que a Julia não estava sozinha nessa prática. Quando a minha lente caiu e abaixei para procurar entre os muitos pés, uma cerejeira inteira estava sob os requintados pratos. Imaginei que poderia encontrar Diego Tardelli ou Riquelme por lá, esperando voltar ao topo da mesa.

Para meu vizinho Darci, que cria diagramas de palavras cruzadas, a menção da fruta é nada mais que um código adotado por Kalil. E arrisca dizer que "a cereja do bolo" virá do Japão. Para provar que está certo, lembra que a flor é símbolo do país e a árvore tem nomes populares como Cerejeira-japonesa, Cerejeira-ornamental-do-japão e Sakura.

Os plantadores de olhos puxados observam que a árvore tem um efeito melhor quando está isolada das outras de sua espécie. Esse é o lado ruim da história, já que, no esquema de Cuca, os atacantes precisam voltar para ajudar na defesa. O lado bom é que ela é de baixa manutenção. Ou seja, as passagens pelo Departamento Médico serão raras.

Diz a lenda que a flor da cerejeira era uma princesa que caiu do céu, nas proximidades do Monte Fuji. É por isso que a época da florada vira um acontecimento nacional no Japão. A apreciação, no entanto, ocorre por poucos dias, porque a beleza dela não dura muito. No Atlético, espera-se, no mínimo, 45 minutos de encantamento. Para o segundo tempo, já tem o Neto Berola, que fica com a rapa do bolo.

O EXPRESSINHO QUE SATISFAZ

Caveirinha mal pode esperar para ver a escalação do Atlético com Giovanni, Michel, Gilberto Silva, Rafael Marques, Eron, Richarlyson, Morais, Nikão, Leleu, Alecsandro e Neto Berola. Diferentemente da maioria dos torcedores, sua atenção está completamente voltada para o Campeonato Mineiro. Libertadores é um assunto proibido.

Para ele, no clássico contra o Cruzeiro, o alvinegro já deveria entrar em campo com o seu time B. Além de botar pressão no rival, uma vitória do "expressinho" ganharia as manchetes como um daqueles dramalhões de Hollywood sobre rejeitados e veteranos que superam toda sorte de preconceito para mostrar seu valor.

São histórias assim que, segundo ele, os pobres mortais podem aspirar. O que esperar dos sempre criticados Neto Berola, acusado de jogar apenas um tempo, e Richarlyson, que só se redimiu diante da torcida nas duas últimas partidas do Brasileiro? E Michel, lateral-direito que chegou no meio de 2012 e não participou de nenhuma partida?

O fato de ninguém arriscar um palpite é o que anima Caveirinha. Com baixa autoestima, fruto do longo jejum de títulos e da descida à série B, não faz muito tempo que ele passou a sonhar com a equipe em ação em gramados chinfrins diante de adversários de pouca expressão, nas séries C e D.

Mas ninguém conhece o Caveirinha tão bem quanto eu. Nossa amizade começou no dia em que me pediu uma prova de Matemática para guardar. Enquanto me lamentava pelo imenso círculo vermelho no alto da primeira página, ele parecia encantando com os vários riscos nas questões feitos pelo professor Aristides.

O pior é a melhor opção na cartilha de Caveirinha, uma forma de autodefesa para evitar qualquer tipo de frustração. O início avassalador do Atlético no Brasileiro de 2012 deixou-o deprimido por meses, tampando o ouvido a cada vitória. O medo dele era a queda logo depois. Um medo que todo atleticano tinha lá no fundo, mas que, no caso do Caveirinha, virou doença.

A história mostra que a escolha do meu amigo pelo time B não é tão descabida, se lembrarmos do "expressinho" do São Paulo em 1994. Naquela época, o desempenho dos reservas e juniores foi superior ao dos titulares, premiados com o título da Conmebol. Desse time, é bom ressaltar, saíram Rogério Ceni, Juninho Paulista e Denílson, campeões do mundo em 2002.

Mas pensar em títulos e convocações para a Seleção já é demais para Caveirinha, que se contenta com um gol feito aos 48 minutos do segundo tempo, após um bate-rebate na grande área, como nas partidas na várzea, em que mal dá para se ver quem empurrou a bola para dentro das redes. A sensação é de alívio, ainda que temporário, porque sempre tem o jogo seguinte.

PINTAGOL

Atlético é ser musculoso, apto às práticas esportivas. Nome semelhante tem o The Strongest, nosso adversário boliviano na primeira fase da Copa Libertadores. Em inglês, quer dizer "o mais forte". Em comum os dois times também têm o mascote, representado por uma ave.

As cores amarela e preta da camisa são uma homenagem ao chayñita, pássaro cantante muito comum na região de La Paz. Seu organismo está adaptado às grandes altitudes, um dos trunfos do The Strongest quando joga em seu estádio, o Hernando Siles.

O Cardueles atrata, nome científico do chayñita, nada mais do que o nosso pintassilgo, pássaro muito admirado pela sua musicalidade. A espécie boliviana também é conhecida como pintassilgo-negro, um dos mais compridos e capaz de enfrentar atmosferas adversas.

Quando chega ao Brasil, porém, o exemplar não costuma durar muito, sendo essa uma reclamação constante dos criadores dessa ave. Não é diferente, portanto, dos "derrubadores de campeões", que não passam à fase de oitavas-de-final da Libertadores há cerca de 20 anos.

Por essas e outras eu prefiro o pintassilgo-mineiro, que, segundo o meu amigo Otávio, que vive cercado de gaiolas em casa, é referenciado nos livros de biologia como Sporagra magellanica. Sporos quer dizer semente em latim. E agra, caçador. Ou seja, caçador de sementes.

É uma boa analogia com a situação do Atlético na Libertadores, que ainda está em busca de uma história gloriosa nessa competição. Com o time vice-campeão brasileiro de 2012, agora reforçado com Tardelli, Josué e Gilberto Silva, já está na hora de plantar algo de memorável.

Com o bom futebol mostrado no Campeonato Mineiro, especialmente sob o comando de Ronaldinho Gaúcho, não é de estranhar que o Pintassilgo-mineiro é chamado de maestro do mundo das aves, servindo como um estimulador para os outros cantarem.

Se for cruzado com um canário – mascote da Seleção – o desempenho pode ser mais afinado. O híbrido, não por acaso, é denominado de pintagol. Como Felipão já está de olho em vários jogadores do Atlético e a Copa do Mundo se avizinha, quem sabe não teremos o ataque de nossos sonhos.

AQUI
TEM
ÁGUA!

Exaustão térmica, síncope, cãibras, intermação (temperatura corporal central acima de 40.5 graus) e diminuição do desempenho aeróbico. São vários os motivos que justificam, além da inevitável sensação de sede, a presença de uma garrafinha com a substância dentro das redes, como fez o goleiro Rogério Ceni na quarta-feira.

Água é vital a todas às formas de vida e, no caso de atletas, é recomendável uma ingestão maior dela, para repor a energia gasta. Pouco importa se o goleiro é a única posição cujo esforço exigido é o mesmo da época da invenção do futebol (convenhamos, até o técnico passou a se movimentar mais nas laterais do campo, obrigando a demarcação de um espaço só para ele).

A única culpa de Ceni talvez seja a sua boa educação, exibindo generosidade ao dividir com Ronaldinho Gaúcho um pouco do líquido que, diferentemente do Mineirão há duas semanas, existia em abundância no Independência, a ponto de copinhos de água serem distribuídos para a torcida com os dizeres "Aqui tem água".

O aviso, dirigido como provocação aos cruzeirenses, foi o prenúncio do triunfo atleticano. Onde se lia "aqui", na verdade, era um código divino para o interior do gol são-paulino, onde uma simples garrafinha sinalizou o caminho da vitória. Foi para "ali" que R10 se viu atraído, como um Netuno que, além da bola, sabe manipular as várias formas da água.

Nas mitologias politeístas, os deuses vinculados à água são os mais adorados e com maior importância dentro da hierarquia das divindades. Em praticamente todas as religiões, a substância é sinônimo de purificação e renascimento. Para o hinduísmo, a mais praticada na Índia, onde o craque esteve no ano passado, a água também tem grandes poderes.

O filósofo grego Empédocles, que defendia a água como um dos elementos básicos do Universo, certamente optaria por uma leitura mais simbólica do lance do que tachá-la de "malandragem". O pai da Química, Antoine Lavoisier, talvez preferisse dizer que R10 era a molécula de oxigênio,e Tardelli e Marcos Rocha, as de hidrogênio.

Inodoro e incolor, o “hidrogênio” Tardelli mostrou que realmente possui propriedades distintas (em comparação aos outros elementos da tabela periódica). Só por “cantar” a jogada no ouvido de Rocha, sem ninguém perceber, já cumpriu a sua missão em campo, apesar de ter perdido o gás na etapa final. Algo que não faltou a Ronaldinho, responsável por “oxigenar” um Atlético diluvial nesse início de Libertadores.

NERVO
À FLOR
DA PELE

Só poderia mesmo ser coisa do Nervo. Se não fosse por uma letra i, entre v e o (nervio), o sentido seria o mesmo tanto em português como em espanhol: aquele órgão responsável pela transmissão dos impulsos elétricos entre o sistema nervoso central e as várias partes do corpo.

Foi justamente o impulso nervoso do lateral do Arsenal que deu manchetes policiais à partida que pôs o Atlético na primeira colocação geral da fase classificatória da Libertadores, após repetir uma goleada de 5 a 2, nos jogos de ida e volta, contra o adversário argentino.

Tomar dez gols é razão de sobra para deixar qualquer um com a cuca quente, mas o Arsenal já entrou em campo dando, por assim dizer, mais valor aos nervos sensoriais (chamados aferentes) do que os motores (eferentes), deixando, muitas vezes, a bola de lado para criar confusão.

Os aferentes são os que recebem informações dos órgãos do sentido, como a visão. Os adversários pareciam não estar gostando muito do espetáculo dado por Ronaldinho, com passes precisos, boa movimentação e dois gols –um deles de pênalti, compensando a cobrança perdida em Sarandí.

Quis o destino que R10 marcasse um gol de origem duvidosa –Luan sofreu falta fora da área, ao contrário do que o juiz assinalou. No jogo passado, o maestro foi vítima de uma ação criminosa, quando Braghieri quase quebrou a sua perna. O zagueiro não foi expulso e Ronaldo mandou a bola no travessão.

E Braghieri, que merecia ser banido do futebol, acabou fazendo um dos gols. Mesma sorte não teve Nervo, que, encarregado de segurar Bernard no primeiro confronto, viu o baixinho enganá-lo na volta rápida de uma situação de impedimento e depois não perdoando um erro dele na entrada da área.

O nervo deve ter subido à cabeça, tanto que a protegeu com uma bandana vermelha. Mas não adiantou muito. Foi ele quem empurrou um policial que protegia o trio de arbitragem, ao final da partida. E, logo depois, chutou a bola em cima de um dos soldados.

Para ser campeão da Libertadores, tem disso: muitos gols de um lado e pancadaria do outro. Chato é ter que pagar a conta dos problemas extra-campo. Literalmente. Afinal, o Atlético pagou os R$ 40 mil determinados pela juíza. Pelo visto, não é só o talento dos jogadores que está sobrando.

FR = M X A, A EQUAÇÃO TÁTICA DO ATLÉTICO

Cuca tirava boas notas em Física na escola? Quase peguei o telefone e liguei para o Cássio Arreguy (assessor de imprensa do Atlético) para que ele perguntasse ao técnico sobre seu boletim escolar. Se há interesse pela fase criança até mesmo dos Looney Tunes, os tresloucados personagens animados da Warner Brothers, por que não podemos saber a origem da Montanha-russa alvinegra?

Se a Holanda teve o seu Carrossel na Copa de 1974, com jogadores que circulavam pelo campo sem posição fixa, a equipe mineira, por sua vez, imprime uma velocidade vertiginosa e constante. E não só entre os homens de ataque. Como na Montanha-russa, o Atlético não para, apresentando inversões, subidas e descidas que têm o efeito de surpreender os adversários.

Da mesma forma que o Carrossel comandado por Johann Cruyff, a Montanha-russa atleticana exibe um futebol bonito, de jogadas bem tramadas. O coletivo passou a ser adotado de verdade e não como fruto de pura retórica, inserida como adereço nas entrevistas dos treinadores. Exemplo maior disso é o Jô, que parece estar em todos os lados do campo.

Assim como Johann, Jô é João. João Alves de Assis Silva, para ser mais exato. O João holandês era magro e alto como o atleticano. De fôlego invejável, virtude que também pode ser compartilhada com o camisa 7. E, bem antes da introdução do pivô, Cruyff conseguia girar em pequenos espaços, hoje uma das principais funções de Jô. O craque costumava descrever sua atuação como saber a hora certa de começar a correr. Simples assim.

É o que Cuca tem ensinado aos seus jogadores. Discípulo de Isaac Newton, o treinador vem aplicando no esquema tático atleticano a Lei Fundamental da Dinâmica, em que "a resultante das forças que agem num corpo é igual a variação da quantidade de movimento em relação ao tempo". Ou seja, mais força, mais velocidade.

Traduzindo para o futebol, a aplicação tática dos atletas, aliada à grande movimentação, tem sido a principal arma do clube na Libertadores e no Mineiro. Se o nome de Newton passou a representar, no estudo da Física, a unidade de força (N), na equação atleticana C é a chave para entender o momento atual do Galo. Ainda é muito cedo para falar em títulos, mas, independentemente de faixas de campeão, o time está fazendo história. Ou pondo em prática a Física.

O "DIREITA"

Julia ainda confunde esquerda com direita. Ouço da cozinha a Beth esbravejando, tentando incutir os lados corretos na cabeça da menina. Vejo com normalidade essa hesitação num país em que, politicamente, tudo virou farinha do mesmo saco.

De minha parte, sou canhoto. Se escolhi essa opção, não me lembro. Mamãe, militante até a medula durante os anos de chumbo, se recusou a amarrar a minha mão esquerda, como era recomendado na época. A direita é também um problema no Atlético.

Desde o ano passado, o esquema criado por Cuca exige um jogador que caia pela direita, chegue com velocidade na área adversária ao lado de Jô e Bernard e volte para dar o primeiro combate. Sem Danilinho, o Galo perdeu rendimento na segunda parte do Brasileiro.

Em 2013, o Atlético foi derrotado em três partidas, justamente quando Tardelli não esteve em campo. Em todos, o resultado não passou de desorganização e falta de criatividade. Trocando em miúdos, não há outro jogador que possa ser "o direita".

Contra o São Paulo, não se viu nem direita nem esquerda, já que Luan deu lugar a Alecsandro, um centralizador de mão cheia. É bom que se diga que a carência de direita nunca foi exclusiva do Atlético. Por qualquer ângulo que se olhe, social ou histórico, ela foi mais incensada que a esquerda.

Para se ter sorte no ano que se inicia, é preciso, além de vestir roupa branca, "entrar com o pé direito". As regras à mesa determinam que devemos cortar o alimento com a mão direita. Sem falar que um mero cumprimento não pode ser feito com a esquerda.

Até mesmo a Bíblia nos induz para um dos lados, ao afirmar que Jesus está sentado à direita do Todo Poderoso. Direito, por sinal, é sinônimo de certo. E a maneira certa de transitar na via, para quem não quer passar pelo bafômetro, é permanecer à direita.

No Alcorão, está previsto que, no dia do Juízo Final, os que carregam os livros na mão esquerda serão recebidos com "água fervente, ventos escaldantes e uma sombra de fumaça negra".

O que me faz temer pela final da Libertadores. Espero que, até lá, o Atlético endireite-se.

Depois de uma primeira fase quase irretocável (o quase é por conta do "treinamento" de Ronaldinho), a única fumaça que o torcedor quer ver é aquela deixada pelo lépido ataque ao passar pelos marcadores. E para sermos democráticos, tanto pela direita quanto pela esquerda.

QUARTETO FANTÁSTICO

Único remanescente do fracassado Quadrado Mágico que, na Copa do Mundo de 2006, tropeçou nas quartas-de-final para a França, Ronaldinho Gaúcho foi dos céus ao inferno e agora está à frente de outro quarteto, que os comentaristas já defendem como a solução mais imediata para a falta de entrosamento e de gols do ataque da Seleção Brasileira.

Diferentemente do Quadrado formado por Ronaldinho, Kaká, Adriano e Ronaldo Fenômeno, o Quarteto Fantástico tem mais chances de não decepcionar. Primeiro, porque os quatro jogam no mesmo time. Segundo, se Felipão não inventar algo diferente, eles cumpririam no escrete função tática idêntica à adotada por Cuca no Atlético.

Bruxo na arte alquímica, transformando metais em ouro, Cuca ressuscitou Ronaldinho e Jô e encontrou a melhor forma desses dois elementos combinarem com Bernard e Tardelli. Os alquimistas defendiam o estado de perfeição do Universo, que é a sensação de todo mundo agora, ao definir o Atlético como o melhor time da América do Sul.

O equilíbrio ofensivo está na adoção dos quatro elementos da Natureza: terra, água, fogo e ar. O mesmo que está por trás da formação do Quarteto Fantástico dos quadrinhos. Assim, Ronaldinho Gaúcho seria o Senhor Fantástico (água) e Tardelli o Tocha Humana (fogo). Jô, a encarnação do Coisa (terra). Já o Bernard, a Mulher Invisível (ar)...

Ronaldinho tem corpo maleável como água. Líder do grupo, possui uma inteligência acima do normal, capaz de radiografar rapidamente o que está acontecendo numa partida e criar situações incríveis, como o uso da garrafinha de água de Rogério Ceni para colocar Jô na cara do gol, na estreia do Atlético na Copa Libertadores.

O Tocha Humana atleticano põe fogo na partida, queima até o último fôlego para ajudar o time. Rápido e impetuoso, joga com o coração e imediatamente pressente o rastilho de pólvora que aponta para o gol. Jô é ligado à terra por ser o mais sólido e impor seu estilo no chão, no choque com os zagueiros, quase sempre levando a melhor.

Bernard, bem, é o mais delicado dos quatro e sabe usar essa aparente fragilidade para driblar e marcar gols, gerando força e velocidade. Sua afinidade com os demais ajuda a entender as razões do Quadrado Mágico não ter dado certo: na equipe de Parreira, o quarteto estava abaixo das condições ideais ou mal posicionado. Vítima fácil do Doutor Destino.

ODISSEIA ATLETICANA

Em terra de cego, quem tem um olho é rei. Transplantada para a cidade de Tijuana, no México, a máxima se mostra absolutamente verdadeira. Vítima de uma daquelas borrachinhas traiçoeiras dos campos soçaite, inimiga número um das esposas que lavam os meiões dos maridos pançudos de cerveja, Ronaldinho atuou como um ciclope, gigante incansável que, na mitologia grega, só tinha um olho no meio da testa.

O que se viu foi mesmo um duelo de titãs, tal como anunciava os cartazes espalhados pelo principal polo distribuidor de brasileiros para os Estados Unidos. Aliás, é bom que se diga, se passar por mexicano fã do futebol de R10 foi um dos disfarces de nossos emigrantes ilegais. No estádio Caliente só tinha atleticano. Era para o Galo se sentir em casa, mas o campo sintético virou uma espécie de labirinto do Minotauro.

Durante todo o primeiro tempo, Jô e companhia se perderam várias vezes em busca do caminho para o gol. Até que Luan tomou o lugar de Bernard e se transformou numa espécie de Teseu. Tão voluntarioso quanto o herói da mitologia grega, o atacante estava predestinado a dar um final feliz para a odisseia alvinegra: pouco antes de pisar no gramado avisou que marcaria o gol salvador. E assim foi.

Claro que o jogador, sempre disposto para qualquer sacrifício, não ficaria cara a cara com a meta de Saucedo se não fosse o presente de Ariadne. Ou melhor, de Tardeli. O camisa 9 foi quem melhor compreendeu o pedido de Cuca para que atuassem de forma mais aproximada, usando as tabelas, como se todos estivessem interligados pelo novelo de lã que ajudaria a matar o Minotauro –não por acaso, o povo de Tijuana adora touradas.

Autor dos principais poemas épicos da Antiguidade, Homero teria eternizado a história do jogo, cheio de ingredientes caros ao seu estilo, como a superação desesperada dos perigos, com a reviravolta deixada para o último minuto. Por ali, nos instantes finais, passou Leucótea, a deusa marinha que salvou Ulisses do naufrágio. Certamente por obra dela, enviada pelo deus maior do futebol, o Atlético não encerrou a sua trajetória na Libertadores.

Mas sofrimento – as tragédias gregas endossam –faz parte das grandes conquistas. Foi como ter enfrentado a Cila, que possui seis cabeças de cães famintos em sua cintura. Os caninos, por sinal, estão na origem do Tijuana, que adotou como mascote o *xoloitzcuintle* e entrou ávido por devorar a equipe de melhor campanha na primeira fase. Agora, de volta a Ítaca (o Independência), o Atlético tem tudo para cair nos braços de Penélope.

FAROESTE CABOCLO

Os minutos derradeiros de Atlético e Tijuana nos jogaram para dentro de um filme de faroeste, com a realização de um tenso "duelo ao sol" entre Victor e Riascos. Nos filmes do gênero, esse momento geralmente é definidor, reservado para a vitória do mocinho, que finalmente liquida o vilão num combate individual em que prevalece o olho no olho.

Num curto espaço de tempo entre a falta de Leonardo Silva, que derrubou Aguillar na grande área já nos descontos do segundo tempo, quando o placar estava em 1 a 1, e a bola defendida pelo goleiro atleticano, o torcedor viveu aquele clímax dos enredos de bangue-bangue, assumindo a mesma posição das testemunhas que escondiam atrás da porta do *saloon*.

Nada se podia fazer, nem mesmo os outros dez jogadores alvinegros em campo, a não ser depositar todas as expectativas na rapidez de Victor para apertar o gatilho da classificação. Um esporte coletivo que, por um breve instante, foi transformado numa decisão individual, em que estavam apenas Victor e Riascos, um diante do outro, a poucos metros de distância.

Na memória do espectador, ficará para sempre marcada a sequência de ações que antecederam o desfecho, como num faroeste de primeira linha. Primeiro surge a temerária sensação de que tudo se resolverá num tiro rápido e certeiro. Num lance que envolve apenas dois movimentos: o do chute, de um lado, e da tentativa de defesa, do outro.

Apesar de curto, suas variantes são ilimitadas, como uma bola que pode ir para cima do travessão ou estufar as redes após acertar o ângulo. A Victor só resta adivinhar e pular, mas para onde? Ao batedor, escolher o canto e fazer com a bola, por mais que pese a perna, cumpra sua trajetória de forma perfeita, seguindo as regras da física de força e direção.

Naquele único lance, Victor era, somente ele, o Atlético. Ele caminha para sua posição, assim como Riascos vai para a marca do pênalti. Close no rosto concentrado do goleiro. Close no rosto sério do cobrador. Plano geral do duelo, com seus atiradores parados. Em segundos, um estará vivo na Libertadores, e o outro morto.

Seria uma ironia do destino que Victor caísse morto no Horto, num ritual macabro visto por milhares de torcedores fantasiados com a Morte, como se celebrassem um dia de Finados.

Ainda bem que aquela morte era de cinema. O pânico, no entanto, foi bastante real, prestes a repetir o Maracanazzo da Copa do Mundo de 1950 e derrota do Cruzeiro para o Estudiantes em 2009.

O Atlético pode ser campeão. Pode não ser campeão. Independentemente de qual caminho irá seguir, o dia 30 de maio será sempre lembrado como aquele em que Victor encarnou o grandalhão John Wayne e se consagrou herói. A estrela já está no peito, mas faltava essa noite de tiroteio para ele entrar para a galeria de de Kafunga, Mão de Onça e João Leite.

À ESPERA DE GABIRU

Sair de vez em quando com a mulher mais bonita do bairro ou casar com aquela menina de óculos fundo de garrafa e aparelho nos dentes da época de escola? Para o meu amigo de longa data Badá, a insatisfação dos reservas atleticanos por não estarem jogando com maior frequência é um caso típico de insegurança masculina.

Especialista na arte da conquista amorosa, do tipo que você não apresenta para a esposa, Badá gosta de fazer analogias com esse universo que conhece tão bem ao falar de outra de suas paixões: o Galo. O time alvinegro seria a Vanusa, que devo admitir ser a garota a mais cobiçada aqui da região (Beth, é apenas uma observação profissional, ok?).

Olhos azuis como as águas intocadas de uma praia remota. Corpo esculpido por Oscar Niemeyer, desafiando a lógica arquitetônica com aqueles dois monumentos que pairam no ar sem qualquer sustentação. O cheiro... Parece feitiço, que nos atrai como as sereias carnívoras para o fundo da perdição solitária.

Vanusa é a Ferrari que a gente já treme só de tocar, só de passar o dedo de leve pelo lindo capô. Entrar e girar a chave de ignição, até mesmo para andar poucos metros, é o sonho de consumo dos marmanjos do bairro. Solteira e assanhada, tem seus preferidos, mas nenhum fixo. A qualquer momento, ela pode escalá-lo e você tem que estar pronto para o chamado.

Para Badá, é essa a postura correta de quem está no banco do Atlético. Não é qualquer um que atua numa das equipes mais elogiadas da temporada e que, após quatro partidas, pode estar em Marrocos jogando contra o melhor da Europa. E quem sabe o destino não pregue das suas, com esse nome que não aparece entre os titulares se tornando um Gabiru.

Muito contestado pela torcida do Internacional, Gabiru entrou aos 31 minutos do segundo tempo, na decisão do Mundial contra o temido Barcelona, e saiu como o herói colorado, autor do gol do título. Tinha substituído o incontestável Fernandão, que deixou o campo lesionado. O que ele contaria para os netinhos se tivesse perdido a paciência com a falta de chance no clube?

Araújo no Goiás, Serginho no Criciúma e Neto Berola com um pé no Coritiba. Morais simplesmente rescindiu. Badá, preconceituoso como é, não entende como eles podem abandonar um flerte vitorioso para um namoro sério com quem acabou de subir da série B. Levar de 5 a 0 na primeira rodada é o que podemos chamar de boa troca?

O que me deixa encafifado é que essas manifestações explícitas de insatisfação só acontecem no Atlético. O Cruzeiro tem hoje no banco mais atacantes do que todo o grupo titular e não se ouve nenhum pio de reclamação. Ananias foi embora, sem ninguém ouvir a voz dele. Para falar a verdade, esse Galo deve ser uma daquelas gostosonas bem convencidas, viu...

BAITACA

Impliquei com o Mineiro. Assim mesmo, com a primeira letra em maiúscula. O gentílico soou mal após um argentino se esforçar para ser simpático numa roda de conversa e acoplar o "Mineiro" ao nome do Atlético. Torcedor do Boca Juniors, já foi logo dizendo que iria ajudar a secar o Newell's Old Boys nas semifinais da Libertadores.

Agradeci a mentalização positiva, como bom mineiro que sou, mas não engoli o Atlético Mineiro. Acredito que, trocados os papéis, ele estranharia um Boca Juniors Argentino ou Boca Juniors Portenho. É bom que se diga que, em Estância, no Sergipe, existe um Boca Júnior sem qualquer expressão, que ganhou esse nome só para rivalizar com o River Plate de Carmópolis.

Ninguém fala Corinthians Paulista ou Flamengo Carioca, mas os dois nomes estão espalhados de norte a sul do país, como o Corinthians de Bataguassu, no Mato Grosso do Sul, ou o Flamengo do Piauí, conhecido como "o mais querido". Por sinal, o Corinthians apresentado como original é, na verdade, um genérico, pois foi inspirado no Corinthian de Londres, que excursionava pelo Brasil em 1910.

É como se estatizassem as duas marcas, nacionalizando--as como nos querem fazer crer as emissoras de televisão, sediadas, não por acaso, no Rio e em São Paulo. O resto vira diminutivo. Um aviso de que, passando a fronteira, o clube é mais um entre tantos outros. É preciso dizer Internacional de Porto Alegre e Grêmio Porto Alegrense. O Sport é Recife e o Vitória é da Bahia.

A única exceção é quando são nomes de cidades e Estados, como São Paulo, Santos, Criciúma, Goiás, Coritiba e Paraná. Clubes cariocas e paulistas, por sinal, são favorecidos pelos locutores, que, ao fazerem média com os times da casa, lançam mão, por exemplo, de Fogão só para não falar Botafogo do Rio. Botafogo, por sinal, tem muito.

Minha querida amiga Maria do Rosário, mineira de Coromandel, também adota o gentílico. Lá de Santos, ela comemora cada gol de Ronaldinho Gaúcho, mas tantos anos fora da terrinha resultaram numa lavagem cerebral "eletrônica". Influência que, na Libertadores, também alcança os países vizinhos e até o site da Fifa.

Talvez por isso, mais do que nunca, os dirigentes do Atlético estejam tão empenhados em popularizar o Galo. Está na camisa oficial e no trabalho de marketing ("Galo na veia"). Até mesmo o R10 incorporou, afirmando para todo mundo ouvir que "Aqui tem Galo". É o que o distingue, sem possibilidade de concorrentes. Quer dizer, tem o Tupi, de Juiz de Fora, que tratou de especificar o seu galináceo, assinalando o Carijó.

Aves não são incomuns no futebol. A começar pelo Flamengo, que adotou o urubu, bem a propósito do seu momento atual. O mais curioso é a baitaca, mascote do São Vicente, que, de tanto frequentar o acanhado estádio do clube, ganhou lugar próprio. Serve também de apelido para quem fala demais, como aqueles que enchem a boca nos gentílicos.

ANJOS
DE
ROSÁRIO

Com meu primo Ramon brigado com a esposa, o sofá de casa tem sido seu lar há uma semana. O cheiro de desodorante vencido que tomou conta da sala e as constantes ligações interurbanas para a Marli, que foi se refugiar nos braços da mamãe em Londrina, são os menores dos problemas para quem, pontualmente à 3h15 da madrugada, passou a sofrer de pavor nocturnus.

A cara de terror, como se alguém estivesse com as mãos em seu pescoço, se soma aos gritos de "Carbonari! Carbonari!". Na primeira noite, pensei que era pesadelo em torno de algum filme de Máfia que tinha visto. Depois pensei que ele poderia ter aderido a uma sociedade revolucionária secreta da Itália, fundada no século 19. Afinal, as manifestações estão na ordem do dia.

O próprio Ramon não sabia do que se tratava até eu falar com meu tio Miguel, que lembrou com tristeza do Carbonari que, aos 44 minutos do segundo tempo, encerrou o milagre de Rosário, marcando o quarto gol da vitória do Rosário Central sobre o Atlético, na final da Copa Conmebol de 1995. O Galo tinha vencido por 4 a 0, em Belo Horizonte, e todo mundo já dava o título como certo.

Com a igualdade no tempo normal, a decisão foi para os pênaltis. Doriva e Leandro erraram suas cobranças. Melhor aproveitamento teve o time argentino, que só perdeu uma. Taffarel, o goleiro atleticano, desta vez, "não foi". Bazooka, como Carbonari era chamado, virou herói. Era um zagueiro alto (1m91) de chute forte.

Na quarta-feira, o Atlético estará novamente em Rosário, enfrentando o grande rival do campeão daquele ano. A cidade, por sinal, não é de boas lembranças para nossa Seleção, palco de uma batalha campal em 1978, quando brasileiros e argentinos se engalfinharam no que foi um dos jogos mais violentos das Copas.

Ramon está apreensivo, com toda razão. O inconsciente acusa e o fustiga à noite, com a imagem do "anjo" (Horacio Angel Carbonari) de Rosário. Pesquiso na internet para saber se há um zagueiro com as mesmas qualidades entre os Velhos Garotos de Newell. Velhos, sim. Afinal, Gabriel Heinze tem 35 anos.

Além de disputar duas Copas, em 2006 e 2010, passou por Valladolid, Sporting, Paris Saint-Germain, Manchester United, Real Madrid, Olympique de Marselha e Roma... Bazooka saiu do Rosário para o Derby County, equipe inexpressiva da Inglaterra, bem como o Nottingham Forest e o Coventry City. Nunca vestiu a camisa azul celeste. Com esse relato, curei meu primo. Pelo menos, não diz mais nenhuma palavra em italiano durante à noite. Só em alemão.

BATALHA
DO
INDEPENDÊNCIA

Carl Orff nasceu num 10 de julho. É o compositor alemão da cantata "Carmina Burana", trilha sonora que se encaixa perfeitamente à Batalha do Independência, de musicalidade trágica e heroica. O início é assustador, como é a missão do Atlético ao ter que fazer três gols num time atrevido e talentoso, o páreo mais duro dessa temporada.

A composição recorre ao símbolo da roda da fortuna para falar de sorte e azar. O primeiro frequentou mais vezes a turma de Vespasiano, mas o segundo surge com força justamente agora, no momento que o Atlético está próximo do título mais importante de sua história. O desempenho em campo está muito abaixo do apresentado nos primeiros cinco meses.

Cansaço? Soberba? Falta de foco? Ninguém sabe ao certo, porque não é algo que se mede, como um tanque de oxigênio, em que você sabe quanto tempo terá para ficar embaixo d'água. Tudo se limita a um campo misterioso, indecifrável e subjetivo. Coisas do destino que a cantata de Orff resume muito bem.

O coro avisa com dureza e melancolia: "Ó sorte,/és como a Lua/Mutável/Sempre aumenta/Ou diminuis". E depois sintetiza o sentimento de cada atleticano ao afirmar "Vã é a felicidade/Sempre dissolúvel, /Nebulosa/E velada/Também a mim contagias;/Agora por brincadeira/O dorso nu/Entrego à tua perversidade".

De repente, a taça ficou distante. Os dez minutos finais do jogo contra o Tijuana, no histórico lance do pênalti que Victor defendeu, agora se prolongam por uma hora e meia. Em "Carmina Burana", surgem vários personagens que simbolizam os destinos de cada um, compondo uma parábola da vida humana sujeita a mudanças de toda sorte.

Que, no Independência, a roda da fortuna mude de lado novamente. Que o time todo faça da *carmina burana* (em latim, pano grosso de lã, geralmente escuro), o uniforme surrado por tantas outras batalhas, um manto sagrado, uma bandeira que, ainda rasgada, tremulará no final, entre mortos e feridos.

Que cada jogador potencialize o grito da torcida e mude os ventos, a forma do gramado e a direção da bola, acreditando que tudo pode. Que de cada um nasça uma força até então desconhecida, semelhante à coragem instintiva e ao poder de transformação, porque, quando se crê, nos tornamos deuses.

Que Ronaldinho encarne a fé que teve na recuperação de dona Miguelina. Que Tardelli volte a ser metralhadora da alegria. Que Jô prossiga como um tanque em direção ao gol. Que Bernard vença a vulnerabilidade de seu corpo franzino para virar um Homem de Ferro. Que Victor faça de seus ossos elementos compostos de elástico.

Que Rafael Marques e Gilberto Silva derrubem qualquer desconfiança e caiam nas graças dos atleticanos como verdadeiros guerreiros. Que Marcos Rocha relembre a perseverança da época em que percorria 70 quilômetros de ônibus para poder treinar. Que Richarlyson faça de seu estilo vibrante uma arma que quebrará a moral inimiga.

Que Pierre vire o cão perdigueiro, caçando e frustrando qualquer possibilidade de ataque do adversário. Que Josué seja um imortal na galeria de jogadores que passaram pelo Atlético. Que Alecsandro entre e faça a arquibancada gritar o seu nome. Que Guilherme espante qualquer dúvida sobre ele com o talento que tem. E que Luan surja como um raio e trilhe o caminho da vitória.

Que, ao fim, todos batam no braço e digam: “Aqui é Galo!”.

EU ACREDITO!

Por horas só conseguimos pronunciar uma palavra: "Galo!". Nada mais precisava ser dito. As quatro letras mágicas ganharam significados mais amplos que a razão poderia mensurar. Em caminhada do Independência até minha casa, na madrugada de quinta-feira, fui acompanhado por zelosos e contagiantes olhares de quem se apresentava apenas por um "Galo!".

Das penumbras, clareadas vez ou outra pelos fogos de artifícios no céu, saíam formas seguras que só conseguimos identificar pelo preto e branco. Um sorriso e uma senha ("Galo!") bastavam para estabelecer a comunicação, uma linguagem própria que parecia sepultada há mais de 30 anos. Nos reconhecíamos e éramos reconhecidos.

Deixamos de ser fantasmas amedrontados e acorrentados, como se nos tivessem lançado uma maldição. Mostramos coragem em colocar a cara na rua e tirar do fundo da alma o que tanto nos angustiava. Parecíamos fadados a sofrer antes de milhares de vozes se juntarem em uníssono num "Galo!" que percorreu toda a noite, como um constante sinal sonoro de alegria e brio reconquistado.

É um "Galo!" que deixa de ser dolorido e que antes representava a espera de um milagre qualquer que convencesse os deuses do futebol a nos dar um tiquinho que seja de sorte e que beneficiou tantas vezes os demais. É um "Galo!" de uma torcida que crê, que transforma e que vai junto com o time, fazendo do Independência um santuário. Oramos com as mesmas melódicas e arrepiantes sentenças.

É esse "Galo!" que nos leva novamente a confiar e achar que o impossível possa ser possível, que é uma das graças do esporte. É o que nos fazer dizer "Eu acredito" em São Victor, o maior goleiro do Atlético de todos os tempos. "Eu acredito" em Guilherme, que renasceu das cinzas e heroicamente conquistou o nosso coração.

"Eu acredito" na estrela de Ronaldinho Gaúcho, que bate no braço e reafirma que o Galo está em suas veias. "Eu acredito" naquele quarteto fantástico que, por vezes, parece encantar a bola. "Eu acredito" num técnico que encontra o caminho da vitória mesmo na ausência de luz.

Independentemente do que acontecer nos dias 17 e 24 de julho, algo já foi reconectado: a estima de ser atleticano. Nós CAM. Ou melhor, nós somos. Gritar a plenos pulmões “Galo!”, como ocorreu no meio de semana, hoje uma senha miraculosa que nos reconforta com a sensação de que uma grande parede finalmente foi ao chão.

TÍTULO
A
MACHADADAS

Desde as batalhas da Idade Média, com os nórdicos e os bárbaros, o machado não vinha sendo usado como arma de ataque. Cuca ainda não bateu o martelo (por sinal, parente do machado, assim como a marreta), mas não há muitas opções para o jogo final contra o Olimpia que não recorrer à velha ferramenta, antes esquecida num canto qualquer do CT de Vespasiano.

Na verdade, serão dois machados em campo, na direita e na esquerda. Michel Macedo Rocha Machado e Júnior César Eduardo Machado deverão substituir os suspensos Marcos Rocha e Richarlyson, que até então vinham sendo, aos olhos do técnico alvinegro, armas mais modernas e polivalentes, defendendo e atacando com mais resultados.

Não me recordo de nenhum super-herói brandindo um machado, mas o destino tem das suas. Sem nunca ter participado de um minuto sequer da jornada do Galo na Libertadores, Michel pode sair como salvador, com seu nome gritado por 60 mil vozes no Mineirão. E o rapaz gosta de ir para frente, como ficou provado nos últimos jogos pelo Brasileiro, em que Cuca várias vezes pediu para ele segurar o ímpeto.

Júnior César tem a chance de dar a volta por cima justamente na partida mais importante da equipe no ano. O lateral-esquerdo já viveu situação semelhante em 2008, quando perdeu a titularidade para Gustavo Nery no Fluminense, recuperando o posto com muita dedicação. Não é somente essa possibilidade de cair novamente nas graças da torcida e de Cuca que unem Michel e JC.

Os dois nasceram no Rio de Janeiro e são os únicos que estão no time por empréstimo. JC é ligado ao Flamengo, enquanto Michel veio do Almeria, da Espanha. O lateral-direito saiu do Brasil, em 2008, sem nunca ter feito um jogo como profissional no país. Na quarta, poderá ter a grande oportunidade de ser finalmente "apresentado" aos cronistas esportivos que já não se lembravam de seu estilo de jogo na época da Seleção Brasileira Sub-17.

Contra os vikings, os machados eram um ótimo recurso para derrubar os seus escudos, rachando-os ao meio. É o que se espera da postura do Olimpia, com uma forte barreira em seu campo. A principal utilidade do machado era, porém, arrancar os membros dos oponentes, deixando-os sem braços e pernas. Na batalha do Mineirão, um jogo veloz, vibrante e homogêneo é o suficiente para imobilizar os paraguaios.

NÓS SEMPRE ACREDITAMOS!

Nós sempre acreditamos, porque o título parecia escrito numa letra invisível em cada atleticano, que invadiu as ruas no entorno do Mineirão, horas antes de a bola rolar, com uma energia nunca vista, como se ali explodisse uma bomba nuclear de amor inabalável ao Atlético.

Nós sempre acreditamos, porque sabíamos que os quatro dedos da mão que os paraguaios nos mostravam, com ar de arrogância, se transformariam em nosso indicador, que apontaria para milhares de braços unidos, batendo forte com a mão e dizendo "Aqui é Galo!".

Nós sempre acreditamos, porque tudo que nos envolve é sofrido e pesado, mas por isso mesmo é mais saboroso, sentimento que entrará para sempre em nossos corações e também das próximas gerações, nos fazendo lembrar do melhor Atlético de todos os tempos.

Nós sempre acreditamos, porque sentimos que esse amor não era de mão única e mal correspondido, com cada jogador nos devolvendo em campo, demonstrando o grande carinho por uma torcida que o acompanharia em todo lugar, até na Conchinchina se precisasse.

Nós sempre acreditamos, porque à frente do time estava um técnico que, juntamente com o clube, precisava transformar seu grande valor em títulos e fez de tudo para que esse momento chegasse, absorvendo cada revés como um tijolinho em direção à esperada conquista da Libertadores.

Nós sempre acreditamos, porque no gol estava São Victor, de perna benzida, que mais uma vez a esticou e evitou que a bola de Miranda entrasse durante a cobrança de penalidades, tornando-se um nome fundamental nas três últimas fases da competição e, mais do que isso, o maior goleiro da história do Atlético.

Nós sempre acreditamos, porque esse Galo tem magia, proporcionada pelos pés de Ronaldinho, maestro irretocável de uma equipe que passou a ser vencedora quando os companheiros perceberam que ao lado deles estava o melhor do mundo e o maior nome alvinegro em um século.

Nós sempre acreditamos, porque o que temos ninguém mais tem: o menino Papa-Léguas, Bernard; o incansável tanque Jô; a metralhadora da alegria Tardelli; o cão perdigueiro Pierre; as Torres Gêmeas Réver e Leonardo Silva; e tantos outros jogadores que, nas quatro linhas, passaram a ser conhecidos como os melhores da América do Sul.

Nós sempre acreditamos, porque acreditar é a nossa marca e, em Marrocos, vamos novamente ecoar o lema que nos faz diferente de outras torcidas do país, uma paixão contagiante. Da América iremos para o mundo e onde mais permitirem. E você, também acredita?

ADEUS, MENINO

Bernard ainda está muito longe de ser Pelé, apesar de usufruir de um talento tão precoce quanto o filho de Dondinho, mas é do rei do futebol que me lembrei ao ver a despedida do Menino no Independência. Lembrei-me quando o ídolo santista se ajoelhou no círculo central da Vila Belmiro, anunciando o seu adeus com uma camisa listrada em preto e branco tal como a do Atlético.

O jogo, que até então tinha o time da Baixada à frente no placar, ganhando por 2 a 0 da Ponte Preta, foi interrompido para se transformar numa grande festa, que culminou na volta olímpica do mito. O árbitro Emídio Marquez Mesquita não exigiu que Pelé se levantasse e retornasse à partida, tirando o cartão vermelho do bolso ao avistar o artilheiro iniciando sua corrida comemorativa.

Assim como na quarta-feira, quando estava em disputa três pontos pelo Campeonato Brasileiro, aquele confronto de 1974 também era oficial, válida pelo primeiro turno do Campeonato Paulista. Pelé também tirou a camisa, carregando-a como um grande troféu pelos seus 18 anos dedicados ao bicampeão do mundo.

Pelé chorou, emocionado. "Lágrimas rolavam descontroladas pelo meu rosto", postou em seu twitter, em 2 de outubro do ano passado. No caso de Bernard, lágrima e descontrole não tiveram a mesma harmoniosa melodia escrita pelo craque. Da emoção, de uma camisa arrancada após o gol, veio a expulsão e a derrota do Galo.

Com um a menos, a equipe levou dois gols em dez minutos e teve que engolir o fim de uma série vitoriosa, perdendo como mandante no Independência após um ano e 11 meses. Culpa do Menino, que deixou de pensar no coletivo para sublinhar uma nova etapa de sua recém-iniciada trajetória no futebol? Culpa dos caciques atleticanos que evitaram falar do inevitável: a saída de sua pepita de ouro.

Foi uma despedida fajuta, porque não era oficial, embora o sentimento de Bernard não deixasse dúvidas. O jogo, portanto, foi como qualquer outro, mas não para aquele Menino. Talvez, por estar tão represada, ele explodiu em sua alegria. E por ser solitária, foi punida pelo árbitro, que possivelmente seria mais condescendente se a festa fosse assumida.

Pelo o que apresentou em 100 jogos com o manto alvinegro, o Menino merecia mais. Não a volta olímpica de Pelé, mas o grito e o aplauso da arquibancada, com o placar escrevendo o seu nome e fogos de artifício. Sairia de campo para dar lugar a outro enquanto se dirigiria ao vestiário, de coração cheio. Não sairia de campo expulso, algo que não se faz a um ídolo em seu adeus.

ASPIRINA, SÓ EM DEZEMBRO

Nunca tomei vinho tinto paraguaio. Imagino que o efeito em nosso organismo seja o mesmo que o Atlético está sentindo agora, nauseado pela quantidade de açúcares, carboidratos, resíduos de madeira, ácidos graxos e proteínas, que, apesar de melhorarem o sabor, obrigam o pobre fígado a trabalhar dobrado.

Se fosse um saquê, por exemplo, o Galo já teria deixado de praticar esse futebol de série D. Oitenta por cento da bebida preferida dos japoneses é composta por água. O resto é o arroz que, após polido em pelo menos 50%, toma a forma do amido que servirá de base para o processamento do álcool.

Sendo uma competição sul-americana, com convidados mexicanos, não se poderia esperar da Libertadores uma bebida de efeitos menos traumáticos. Os decanos estariam sofrendo de maneira idêntica se tivessem levantado a taça, já que a cachaça não poupa seus apreciadores de passar um dia inteiro sentindo-se como Homer.

O Atlético de hoje não passa de um Simpson multiplicado por 11. Por mais que Cuca queira mudar de canal, os jogadores continuam querendo comer donuts e exibindo um giz de cera alojado numa parte do cérebro. Todos eles tomados por uma burrice atroz, ainda resultado da ressaca pelo inédito título.

Tudo o que aprenderam em sete meses para chegar à finalíssima foi esquecido, escoando para o buraco do ralo na forma daqueles líquidos que infernizam nosso estômago. Estudo recente da Keele University, do Reino Unido, atesta que, além da dor de cabeça e da boca de cabo de guarda-chuva, a ressaca deixa as pessoas menos espertas.

Doutora Lauren Owen garante que a danada afeta a "memória de trabalho", aumentando em 30% a quantidade de erros (número que pode aumentar, dependendo do jogador em questão). Tomates e ovos são excelentes remédios para evitar esses efeitos desastrosos, embora na mão de torcedores insatisfeitos possam ter outra finalidade.

Mas o melhor remedinho é mesmo a aspirina, à qual João Cabral de Melo Neto dedicou uma poesia, comparando-a "ao mais prático dos sóis". Para o escritor, o ácido acetilsalicílico (um dos cinco inventos indispensáveis do século XX, segundo a revista Newsweek) "reenfoca" –exatamente o que mais o Atlético precisa agora.

E se lembrarmos que o fabricante da pílula milagrosa patrocina o Bayer de Munique, as chances de termos uma equipe revigorada e saudável em Marrocos é muito grande. Se é bom para eles, pode ser ainda melhor para nós. Enquanto isso, continuamos a fazer do Brasileiro aquele café da manhã ogro que levanta até defunto.

RIR
É O
MELHOR
REMÉDIO

Nunca tinha imaginado o bucinador de Ronaldinho Gaúcho. Muito menos o masseterino e o mentoniano. Sequer sabia que faziam parte dos músculos faciais do ser humano, reflexo do meu desinteresse em Biologia na escola, até o doutor Vilanova, dentista da família há 25 anos, me deixar literalmente de boca aberta com detalhadas explicações sobre a cirurgia estética que o camisa 10 atleticano realizou nos dentes.

Só queria fazer uma limpeza de rotina e, para falar a verdade, não entendia como a mordida ou uma risada poderiam interferir no futebol do craque. Mas Vilanova não é desses dentistas que têm imenso prazer em arrancar o dente alheio. É uma espécie de Mestre Yoda dos que folheiam as antigas e rasgadas revistas na antessala do consultório, fonte de conforto dos que sofrem com obturações e trocas de canal.

Portador de um inesgotável repertório de frases engraçadas, ele tem na parede o desenho de um “smile”, com uma frase do lado em que se lê: “Sorria! Você está sendo vítima de uma piada”. Um pouco abaixo há um diploma de gelotólogo, que, para mim, não passava de uma das muitas brincadeiras de Vilanova. Gelotogia nada mais é do que o estudo científico do sorriso como forma de propagar benefícios terapêuticos.

O simples escancarar dos dentes mobiliza 15 músculos faciais diferentes, sendo suficiente um riso sincero por dia para se transformar num excelente exercício para o corpo, trabalhando diafragma, abdômen, sistema respiratório, costas e pernas. É nesse ponto que, para o meu dentista, um Ronaldinho mais sorridente é um excelente estimulante para o jogador mostrar todo futebol que sabe.

E não é que bastou exibir a dentição nova que o Atlético voltou a ganhar no Campeonato Brasileiro, saindo da zona de rebaixamento? Como é algo contagioso, o riso atingiu milhares de torcedores que voltaram a ver o time campeão da Libertadores em ação. A mesma cabeça artilheira de Leonardo Silva que realizou o milagre do Mineirão, há quase um mês, foi a que pôs o Galo novamente nos trilhos da vitória.

Provavelmente o zagueirão estava rindo no momento do gol, pois os gelotólogos são categóricos ao afirmar que o riso produz um circuito que percorre múltiplas regiões da cabeça. Rir, portanto, é estar com a cabeça boa. Umas 200 risadas equivalem a uma corrida de dez minutos –o que talvez explique porquê Romário não precisava treinar para marcar seus gols. Imagine, então, o efeito de uma gargalhada.

Os índios krahôs, do Tocantins, contam com um sacerdote – o hotxuá – só para animar o espírito da aldeia. É um dos papéis que cabe a Ronaldinho. Não só por sua experiência e liderança, mas também por entender onde está a graça do futebol. Se o Bayern de Munique necessita de um comprimido para saber o que é bom, nós temos um talento natural e barato para saborear a vitória. Caro mesmo só a conta do doutor Vilanova.

LONGA ESPERA

Envio essa crônica do futuro, exatamente do dia 21 de dezembro de 2013. Como você já deve imaginar, principalmente se for atleticano, é a data em que clube mineiro faria a final contra o Bayern de Munique, em Marrocos.

Desde aquela noite em que o Galo foi eliminado da Copa do Brasil pelo Botafogo, queria que o tempo passasse logo até o Mundial de Clubes. Acompanhar o Brasileiro seria uma longa e desnecessária penúria.

Cuca já tinha sinalizado que priorizaria a Copa do Brasil e eu até cheguei a imaginar um terceiro título a caminho, antes do grand finale na África, mas quis o destino (e o Pierre, o Josué e o Léo Silva) que não fosse desse jeito.

Assim me vi diante de um Brasileiro em que assumidamente faríamos figuração. Meu desejo era entrar numa daquelas cápsulas criogênicas dos filmes de ficção científica e acordar somente na véspera das semifinais do Mundial.

Tentei a hipnose, para obter amnésia total sobre o futebol brasileiro entre setembro e meados de dezembro, mas acabei fazendo uma regressão até 2005, quando o Galo foi rebaixado à série B.

Poderia ter sido pior e apagado todas as minhas lembranças da conquista da Libertadores, do Brasileiro de 1971, das duas Conmebol e... Não me lembro de outra conquista alvinegra importante (deve ser algum efeito colateral momentâneo).

Quem me indicou o hipnotizador foi o Aderbal, um amigo de velha data que já sofre com aqueles males masculinos. Prometeram a ele um milagre que faria os adeptos da arquitetura em suspensão morrerem de inveja, dispensando a pílula azul.

O que puderam fazer por mim foi o que eles chamam de “progressão de idade”, enxergando-me no futuro cumprindo minhas metas. Consegui me transportar até o dia 21 de dezembro. Confesso que não esperava encontrar o que presenciei. A decepção foi grande.

Não porque o Atlético perdeu com um placar elástico para o Bayern, mas por constatar que estava no Brasil, ainda na sala de casa. No lugar de bater metas, estava batendo na tampa da TV para fazê-la funcionar. E continuava duro, tão duro quanto o Aderbal.

UM PEIXE CHAMADO JÔ

Jô voltou com a fome de uma perca-do-Nilo, peixe voraz do lago Vitória, na Tanzânia, que alterou o ecossistema local ao devorar as outras espécies que dividiam aquele habitat. Com 200 quilos, tão cheinho como o Ronaldo Fenômeno na época do Corinthians, foi introduzido no segundo maior lago do mundo, na década de 50, para aumentar os ganhos com a exportação pesqueira.

Além de tudo, a perca atraía a atenção dos turistas, especialmente os fãs da pesca esportiva. Tê-lo no anzol era sinal de prestígio, devido à boa briga provocada pelo peixe, que não se deixava render fácil. Diziam que era tão tenaz que, jogado na terra, era capaz de andar alguns metros. Não foram poucas as vezes que foi visto atravessando estradas e quase provocando acidentes de carros.

Soberana no lago Vitória, a perca virou sinônimo de luta, espírito que Jô voltou a exibir após sua passagem pela Seleção. A equipe de Scolari é como a seleção de Darwin, naturalista inglês que adoraria ter estudado o Lates niloticus, nome científico do peixe africano. Ambos, em tese, privilegiam os mais fortes, aqueles que se adaptam mais facilmente ao meio. Exatamente como a perca-do-nilo e o atacante do Galo.

Jogado em outro habitat, o peixe aniquilou os ciclídeos que se contentavam com matéria orgânica morta, plantas e pequenos invertebrados aquáticos. Nada mais apropriado que tenha conquistado Vitória. E a vitória, no caso de Jô, é estar em dois mundiais: o de clubes e o de países. Nesse último, um importante passo foi dado nos amistosos contra Austrália e Portugal, deixando a vaga de Fred ameaçada.

Com os três gols marcados no Coritiba, o jogador está passando, mais uma vez, por uma superação que Darwin não furtaria a chamar de estresse abiótico, quando fatores externos induzem a mudança. Não se trata apenas de momentos de pressão e contestação, como na época em que saiu em baixa do Inter para brilhar no Atlético, mas também relacionados aos que estão a seu lado, como Bernard e Fernandinho.

Bastou Fernandinho assumir com clareza e eficiência o papel que antes era de Bernard, como um ponta nato, que Jô voltou a se tornar o tanque artilheiro, sempre no lugar certo para estufar as redes. Diferentemente da perca, que desestabilizou o ecossistema do lago, o atacante não é solitário e individualista, carecendo dos dribles, das jogadas de linha de fundo e dos cruzamentos dos "ponteiros". Para devorar, só a bola.

DIA
DA
INDEPENDÊNCIA
ATLETICANA

Dom Pedro I estava às margens do Ipiranga, provavelmente recuperando o fôlego por conta de suas costumeiras noitadas, quando recebeu uma carta de sua esposa, a Maria Leopoldina de Áustria, na qual afirmava, em tom misterioso: "O pomo está maduro, colhe-o já, senão apodrece".

Se era uma reclamação sobre o "não comparecimento" do muito disputado marido, deixando a horta mais uma vez descuidada, não sei. Mas foi o bastante para Pedrão gritar ali mesmo, para quem quisesse ouvir, sua "Independência ou Morte". Foi assim que ganhamos um feriado de 7 de setembro.

Belo Horizonte foi criada na época da República, porém não recusou o fálico obelisco comemorativo do centenário, instalado na Praça Sete de Setembro. Esses detalhes históricos talvez sejam desconhecidos dos atleticanos, que adotaram o local para festejar a conquista da Libertadores.

Mas não deixa de ser curiosa a coincidência que une esses momentos, pois o nome da principal competição do continente nada mais é do que uma homenagem aos principais líderes da independência da América do Sul, entre eles o Pedrão.

O que me faz pensar que, se o Timão conseguiu incluir o 4 de julho no calendário oficial de São Paulo como o Dia da Independência Corintiana (proposta dos vereadores Goulart, David Soares e Juscelino Gadelha), por que não podemos instituir o 24 de julho como data comemorativa?

O Daniel Nepomuceno, que é vereador e vice-presidente do Atlético, poderia simplesmente copiar a petição dos paulistanos. A justificativa deles é uma pérola de ufanismo corintiano, afirmando que a conquista de 2012 "libertou" o clube.

E o que a Libertadores fez para os atleticanos? A felicidade foi tão grande que, apesar da campanha preguiçosa do time no Brasileiro, a torcida não cansa de fazer juras de amor, perdoando até os seis gols tomados (mais do que o Luverdense, que levou dois do Timão) na eliminação da Copa do Brasil para o Botafogo.

E se o Corinthians tem outras duas datas oficiais (não estou exagerando), que tal aproveitar para já adicionar o 19 de dezembro, data do título do Brasileiro de 1971? O problema é que está muito perto do 21 de dezembro, quando o Galo será campeão mundial. Nesse caso, é melhor decretar um feriado prolongado.

MARCOS ROCHA, O PROMETEU ACORRENTADO

Atlético e Vasco farão o confronto dos "azarados" do Campeonato Brasileiro. Nunca se falou tanto nessa palavra quanto entre torcedores e jogadores dos dois clubes, que, às vezes, de forma eufemística, preferem adotar o "faltou sorte" ao final das partidas. E quando o azar teima em continuar, a situação fica mais próxima de uma "urucubaca" ou um "mau-olhado".

A dúvida é se Marcos Rocha está com ou sendo "mal-olhado". O lateral é um dos jogadores que mais caíram de produção após a conquista da Libertadores. Na defesa e no ataque, como ficou provado no jogo contra o São Paulo, em que foi protagonista de dois momentos capitais: na terrível falha que resultou no gol dos paulistas e no pé torto quando estava cara a cara com Rogério Ceni.

Minha tia Maria, sempre supersticiosa, atleticana doente, me liga querendo saber o signo do menino criado na base do Galo. Sagitário, aviso. E começa a me ensinar uma receita com erva-doce para acabar com o azar, em que se deve secar a planta, recortar um círculo de 15cm de diâmetro num pano macio, que pode ser seda ou camurça, e fazer uma espécie de patuá com a erva.

Nunca engoli essas crendices, mas minha curiosidade foi tanta que pesquisei no Google o que a erva-doce tem para mudar o futebol de Marcos Rocha. Segundo os egípcios antigos, ela tem o poder de afastar os pesadelos e é ideal para melhorar a dor de barriga –para quem não se lembra, o jogador enfrentou o Tijuana, no Independência, no sacrifício, após passar o dia inteiro no banheiro, como alertou Cuca na época.

Também conhecida como funcho, finóquio, maratro, anis-doce e fiolho, a erva-doce era usada na Idade Média como condimento pelos ricos e supressor de apetite dos pobres. Ideal ainda para melhorar a visão, exatamente o que faltou ao jogador, contra o São Paulo, na hora de receber um passe açucarado de Jô e chutar para longe do gol.

De acordo com a mitologia, Prometeu usou um talo de funcho para roubar o fogo dos deuses. Em resposta, Zeus o puniu acorrentado-o justamente numa rocha, com seu fígado sendo diariamente comido por uma águia. O herói grego, no entanto, "fez com que as esperanças cegas vivam nos corações dos homens", na definição de Ésquilo. É o que esperamos do Prometeu atleticano no Mundial. Até lá, muita erva-doce para calibrar o pé.

UM GOLEIRO PARA CHAMAR DE SEU

Victor atrai cada vez mais as gorduchinhas. Não estou falando de um grupo específico de torcedoras fanáticas pelo cabelo em formato de pista de skate do goleiro do Atlético. E sim da bola mesmo, hoje tão maltratada e repudiada pelo futebol de resultado, perdendo o status de protagonista.

Ela foi batizada de "gorduchinha" pelo locutor esportivo Osmar Santos, chamado de o "Pai da Matéria". Não sei qual é a matéria preferida do autor do bordão "Ripa na chulipa e pimba na gorduchinha", mas bem que poderia ser Física ou Química.

Tenho para mim que Victor não seria aprovado num teste antidoping mais rigoroso. Há algo de doce no sangue do camisa 1 atleticano que faz a bola muitas vezes inadvertidamente procurar o seu corpo, como uma espécie de ímã dos poliuretanos.

Nos momentos de maior desespero, ela deixou seu caminho natural para explodir no goleiro, num grande choque capaz de propagar ondas de alegria que atingem até mesmo o torcedor mais pessimista, aquele que está encolhido num cantinho da arquibancada.

Foi assim contra o Tijuana, o Newell's Old Boys e o Olimpia, na campanha da Libertadores. E, de uma maneira negativa, contra o Criciúma, no meio de semana. A bola novamente quis se aninhar nos braços de Victor, mas ele estava fora de sua área. "Bola fora" da gorduchinha.

Não foi a primeira vez que Victor foi testado pela bola carente. No jogo anterior, contra o Vasco, o goleiro agiu sem tato e viu uma relação até então à prova de problemas escapar por entre seus braços e pernas. Começou ali uma espécie de "DR". Como acontece em toda relação, os sinais acabam trocados.

A convocação de Victor para a Seleção faz de Felipão um terapeuta de casal. Quando Júlio César foi contestado por estar no banco do Queens Park Rangers, o treinador não titubeou e o garantiu na Copa do Mundo. Coincidentemente, o goleiro do Galo não vive boa fase e ainda assim foi chamado para o lugar justamente de Júlio, machucado.

Se com as brasileiras não vêm dando certo, quem sabe ele não poderá ter melhor sorte com as asiáticas e africanas, origem dos próximos adversários do Brasil. Enquanto isso, Giovanni tenta por aqui mostrar sua arte de sedução. No nome pelo menos (que nos remete ao conquistador Don Giovanni da ópera homônima de Mozart), ele tem potencial para Ricardão.

MEU CUNHADO MARIA-MOLE

Vejo o Jefferson no meio da torcida do Atlético todo serelepe e carregando, no clássico passado, um enorme biscoito Maria. Mostro a cena para o meu cunhado Carlos, que imediatamente desaprova esse tipo de provocação. É que ele gosta muito de Maria, a bolacha.

É um caso raro de fã confesso do biscoito redondinho que, por ser um dos mais baratos, era o lanche preferido das mães que preparavam nossas merendeiras. Ao contrário de 99,9% dos meus colegas, o Carlinhos comia a dita-cuja com prazer. Não só a Maria dele como a dos demais.

Logo ganhou o apelido de "comedor de Maria", com toda a sorte de interpretações que isso pode gerar. Era o tempo das Marias – das Graças, do Carmo, da Conceição, da Assunção,

Auxiliadora, Amélia, Benedita, de Fátima, das Dores, de Lourdes, da Paixão, da Penha, da Paz, da Saúde, da Pureza...

Para onde se olhava, tinha uma Maria. Rapidamente desapareciam do radar quando o Carlinhos se aproximava. Ninguém queria ser a Maria dele, embora fosse um garoto bem-apessoado e aplicado nos estudos. O problema é que não tirava a mão da tal Maria. O biscoito.

Carlinhos sabia todos os jeitos possíveis de degustá-la: com margarina, molhada no café, quebradinha em meio ao leite, com pasta de amendoim, com geleia de framboesa, com creme de avelã, com sorvete sabor creme e até na forma de pirulito de brigadeiro.

Feita de farinha de trigo, açúcar, óleo e essência de baunilha e muito popular em países como Austrália, Índia, México e África do Sul, a Maria surgiu, quem diria, dos fornos da realeza inglesa, para comemorar o casamento de Maria Alexandrovna da Rússia com o Duque de Edinburgo em 1875.

Com o passar do tempo se popularizou a tal ponto que virou símbolo de prosperidade na Espanha. Comer a Maria (ou Berta, como ficou conhecida na Hungria) era sinal de uma economia saudável. Agora entendo como o Carlinhos já tinha uma poupança graúda ainda na adolescência.

Como ofereciam as Marias, meu cunhado guardou o dinheiro que sua mãe lhe entregava todos os dias para a compra do lanche na escola. De Maria em Maria, ganhou uma barriga proporcional ao tamanho da bolacha. Dorme até o meio-dia e vive às turras com a mulher, que o chama de Maria-Mole.

POR UM RONALDINHO FURADO

Não me esqueço do dia em que um sarcástico dono de laboratório de análises clínicas me perguntou, segurando uma seringa e várias ampolas onde o meu sangue seria guardado, se eu "era um homem ou um saco de batatas". Preferi me juntar aos tubérculos, em ação inesperada e antecedida por um ligeiro desmaio.

Não gosto de nada penetrando a minha pele e até hoje imagino o que o autor daquelas "sensíveis" palavras sentiria se fosse introduzido nele algo do tipo... Bom, o objeto, o tamanho e o grau de dor provocado dependem do meu estado de humor, mas não me assustaria se ele agradecesse ao ser espetado por várias agulhas.

Acupuntura virou coisa da moda, principalmente depois que os atleticanos passaram a depositar na milenar tradição oriental a esperança de Ronaldinho retornar aos gramados no Mundial de Clubes. Há os mais variados métodos de acupuntura, mas todos têm a mesma finalidade: estimular a liberação de substâncias químicas no organismo.

Meu colega Bartolomeu, que se diz especialista nas coisas do coração, garantiu que a questão seria resolvida rapidamente com uma ligação para o Zé Love, um cafetão que lhe presta serviços frequentemente. Apesar de a contusão de R10 estar situado em região próxima, na virilha, não acredito ser esse o maior problema do jogador. Ronaldinho está feliz no Atlético, como sempre frisam os dirigentes alvinegros.

Acupuntura é boa, por sinal, para tratamento de depressão. Cheguei a entrar na sala de um chinesinho para estimular minhas boas energias, mas a sensação de ser acupressionado (acupuntura com os dedos) não foi das mais agradáveis. E quando o vi com uma pedra quente nas mãos, agradeci e nunca mais voltei.

Hoje me considero démodé ao ver tanta gente oferecendo a pele para ser espetada, perfurada, tatuada, esticada, raspada, injetada, cutucada, cortada, rasgada, transplantada, furada e drenada. Leio na internet que, na medicina oriental, são mais de mil "acupontos" no corpo, estimulados de diferentes formas. Até mesmo com ventosas de borracha e eletricidade.

Não sei qual é a opção adotada por Ronaldinho e o que ele fará com o seu fluxo de chi (energia vital) e o seu fu (oco), mas se o maestro tiver mesmo a capacidade de resistência a dor aumentada, será a vez de os alemães triplicarem o carregamento de ácido acetilsalicílico–um dos mais conhecidos anti-inflamatórios –para o Marrocos. R10 vai estar, com certeza, bem afiadinho.

A HISTÓRIA DE NÓS DOIS

Foi amor à primeira vista. Tudo bem que meu coração já estava carente, volúvel que é, mesmo com a bonita história construída com a anterior. O problema é que sempre queremos mais. Mal de todo homem, diria minha avó. Se pudesse, ficava com todas ao mesmo tempo. Nesse ano, foram duas, cada uma com seu encanto, sua personalidade, sua forma de acarinhar o nosso ego.

Ao vê-la num shopping, parada e cobiçada por todos, porém, não segurei o meu ímpeto e, como numa cantada barata, perguntei se tinha companhia. Gostei da franqueza dela, que, entre risos, listou sete pretendentes, de todas raças e credos, abastados e pobrezinhos. Humildemente, eu me pus no segundo grupo. "O que você teria para me oferecer?", pergunta, meio malandrinha.

Beleza não tenho. E minha origem é humilde. Metido a filósofo, eu me comparo a uma ave em extinção, daquelas que não voam. Chamadas de "ratitas", são mais vulneráveis devido à ação antrópica, principalmente ao ambiente hostil. Mas que ao lado dela eu finalmente voaria e percorreria o mundo orgulhosamente, vendo de cima o que poucos conseguiram.

Ela pode optar pelo urso Berni, de procedência germânica, ou pelo buldogue cucaracha Monty, mas sou mais eu. Digo isso batendo no braço, um pouco arrogante. Se tem uma palavra que aprendi nesse ano foi "acreditar". Passei por muitas dificuldades, as piores que se possa imaginar, mas no final das contas eu me tornei um exemplo, fazendo meus adversários temerem mesmo quando estão em certa vantagem.

Pareço o Rock, o lutador, nas cenas em que ele pede a Drago para espancá-lo no ringue. Quanto mais batem, mas forças acumulo para querer mostrar o meu valor. Minha vontade é de, como Leonardo DiCaprio em "Titanic", proclamar-me rei do mundo. Sei, no entanto, que isso só será possível com você. De minha parte, prometo uma família calorosa e apaixonada, que irá junto aconteça o que acontecer.

Vamos marcar um encontro? Antes de seu adeus tão rápido, previno-lhe: se for minha, no sentido mesmo de posse, pois amar da forma que amamos é ter, permitirei que seja beijada por tantos outros quanto merecer, sem distinção. Passará de mão em mão até que, enfim, se torne uma lembrança marcante. Prostituída, no bom sentido, não me bastará. Minha fidelidade se estenderá até a próxima taça.

MAIOR A ALTURA, MAIOR A...

O risco de lápis na parede assinala um crescimento de dois centímetros de altura da Julia, minha filha, exatamente a diferença entre um Atlético e um Bayern de Munique. Parece pouca coisa, mas Cuca está preocupado com o "jogo aéreo" dos germânicos – um dos motivos para sacar o baixinho Júnior César da lateral-esquerda e improvisar os 12 centímetros mais alto Lucas Cândido na posição.

Juju deverá ter 1,63m ao fim de sua adolescência, número considerado baixo até para os padrões brasileiros, hoje com uma média de 1,74m. Uma fórmula simples de fazer o cálculo consiste em somar as alturas dos pais, dividir por dois e depois subtrair 13cm no resultado (se for garoto, adicionar). Por essa ótica, podemos afirmar que Réver e Léo Silva, as torres gêmeas atleticanas, foram bem-nascidos.

Não só por carregarem os cromossomos de Golias, mas também pela mesa farta. De acordo com os cientistas, a altura depende de 80 a 85% de fatores genéticos. Os outros 15-20% decorrem da nutrição. A diferença entre o que ter e o que não ter para comer explica o porquê de os europeus serem mais altos que nossa brava gente, especialmente os alemães, que não param de crescer (média de 178,1 cm).

Se serve de consolo, o Atlético enfrentaria o mesmo tipo de problema se tivesse pela frente os holandeses do Ajax (180,8) ou os dinamarqueses do Brondby (180,6). Mas o que pouca gente sabe, inclusive o Cuca, é que os varapaus também têm suas desvantagens. Além de ganharem voz de barítono, o crânio acompanha tal crescimento, provocando a compressão da cavidade ocular.

Em outras palavras, os alemães seriam os campeões de miopia, algo que já está sendo estudado pelos acadêmicos do país, preocupados com a possibilidade um jovem universitário ter, em 2080, altura de jogador de NBA, com média de 1,93m, e visão de um Mr. Magoo.

Nessa perspectiva, não seria nada mau pôr o Neto Berola, de 1,71m, para sassaricar na área do goleiro Neuer, que tem justamente 1,93m, à espera de um pênalti de última hora. O espoletado atacante poderia ser, quem sabe, o nosso Gabiru. Afinal de contas, reza a tradição baiana que suas pimentas são ótimas contra o mau-olhado.

CAPTANDO ENERGIAS PARA O MUNDIAL

A pequena Julia é responsável por verificar, em cada cômodo da casa, se há luz acesa ou aparelho ligado. A Beth, minha esposa, controla o horário dos banhos: um minuto de ducha, dois para esfregar o sabão no corpo e mais dois para se lavar. O Breninho deixou de jogar videogame, o que, para ele, já é uma grande ação de economia de energia.

Voltamos aos tempos de racionamento, aquele mesmo que aconteceu em 2001 e 2002, lembrado como a crise do apagão. Exatamente por medo de que haja um blecaute de longa duração no Atlético, durante o Mundial, igual ao que foi visto no Santos, quando jogou contra o Barcelona neste ano, passamos a economizar toda energia possível.

Cuca não estava gostando de ouvir as muitas especulações em torno de seu nome, antes de renovar com o Galo, porque atrapalhava na sua captação de energia. Adotamos essa postura lá em casa também. Assuntos negativos e desnecessários estão proibidos terminantemente. A derrota para a Portuguesa, no domingo, sequer foi mencionada.

Prisão de mensaleiros pode, risco de nova epidemia de dengue, não. O retorno de R10 aos treinos é uma grande notícia. Falar das seguidas contusões de Guilherme, nem pensar. Em minha mentalização, o Guilherme sequer joga no Atlético, um esforço que, convenhamos, não é muito difícil de conceber. A cada coçadinha que ele dá na perna, os médicos já ficam preocupados.

Falamos de energia elétrica e espiritual, mas até mesmo a energia mecânica se tornou motivo para dosar. Ir ao sacolão, com parada na garagem para deixar os fedorentos e pesados sacos de lixo, e depois dar voltinhas com o cachorro babão são um desperdício de energia. Trocar os móveis da sala de lugar, por puro capricho da patroa, também.

Beth, porém, consegue ser a pessoa mais econômica de casa, embora o extrato do meu cartão de crédito a desminta. Inventou agora uma tal de energia térmica, que tem a ver com trocas de calor, se não me engano. De noite, no quarto, diz que o gerador está frio e sem hora para ser ligado novamente. Antes era só a dor de cabeça.

E QUEM IRÁ BEIJAR A CHUTEIRA DE LUAN?

Ninguém em sã consciência vai ao estádio de terno e gravata. Do meu lado, na arquibancada do Independência, estava um sujeito nesses trajes, de rosto vermelho, que não vibrava com os gols e preocupava-se mais em anotar cada jogada atleticana em sua caderneta. Não é preciso ter o dom de Sherlock Holmes para perceber ali um espião.

Quase travei a coluna de tanto que esticava o pescoço para ler o que ele escrevia. Como não entendo patavina de alemão, só consegui puxar um nome: Luan. Na hora não compreendi o porquê de nosso reserva despertar tanto interesse no emissário. Mas meu pai, estudioso dos tempos medievais, não teve dúvidas: é o respeito que a cultura europeia tem pelo bobo da corte.

Curinga em sua versatilidade e disposição para servir o grupo, atuando como volante, meia ou atacante, Luan também é a alma brincalhona da equipe, que a faz rir de ações inesperadas como pular num boneco inflável do Galo e beijar a chuteira de Tardelli após "lustrá-la" – na vitória de 4 a 1 sobre o Goiás, na semana passada.

Curinga ou bobo da corte, que são a mesma coisa, Luan transforma a sua doce loucura em campo em energia e confiança. Basta lembrar que, contra os mexicanos do Tijuana, pela Libertadores, ele saiu do banco prometendo marcar o gol de empate. E assim foi. Nas cortes, os bobos eram ousados e tinham liberdade para dizer o que quisessem.

De pequena estatura como os personagens que animavam os reis do castelo, Luan pode ter no Mundial a mesma função de Bibas, protagonista do romance histórico "O Bobo", de Alexandre Herculano, que conduz o leitor a refletir sobre o papel que os meros coadjuvantes podem ter numa batalha. Foi exatamente o bobo quem encontrou uma passagem secreta que levou à vitória de seu grupo.

É essa "passagem" que os alemães comandados por Pepe Guardiola tanto receiam. O bobo da corte é bobo só na aparência. Na Idade Média, fazia os nobres rirem de sua própria soberba. Inteligência e ironia que Shakespeare, o maior dramaturgo de todos os tempos, transportou para peças como "Rei Lear" e "A Noite dos Reis". Não é à toa que, no baralho, ele tem o poder de alterar o jogo radicalmente. Se o gol da conquista sair dos pés de nosso curinga, será que Tardelli retribuirá o "selinho"?

TROCANDO
DOIS
POR UM

Estou na terra dos tapetões. Os marroquinos dominam essa arte desde quando o país ainda levava o nome de Merinid, espalhando seus belos tapetes por palácios e zaouias, como eles chamam os locais sagrados. Feitos à mão, seguindo a tradição dos povos tribais das montanhas, são o presente ideal na mais alta classe da sociedade, fazendo parte do enxoval das noivas.

Enquanto tento pechinchar no mercado uma peça com belos motivos decorativos, meu pai me liga para falar de outro tapetão, que o brasileiro também domina como ninguém. Muito coloridos e produzidos no Rio de Janeiro, esses tapetes frequentam a elite do futebol há décadas. Por mais que a profissionalização tente acabar com eles, reaparecem como prova de resistência de nossos mais antigos costumes.

Tapete bom made in Brazil não é como os marroquinos, esses frutos de um rígido aprendizado, em que os filhos das famílias não só devem dominar a técnica como ainda memorizar a escala de cor e todos os desenhos geométricos. Quanto maior o esforço, mais preciosos se tornam, como aqueles tecidos nas tribos de Aït Ouaozguite e Glaoua, em que as tinturas são naturais.

O nosso tapete não tem nada de natural. O processo percorre caminhos duvidosos, repetindo-se os mesmos erros para que um determinado grupo sempre obtenha vantagem. Até parece piada de português: o advogado responsável por defender o time é justamente o que o oferece motivos para a condenação. Piada machista, porque o clube em questão é a Portuguesa.

Marroquino é duro de barganhar, mesmo quando ofereço uma camisa com o nome de Ronaldinho Gaúcho, comprada num shopping popular. No Brasil, tudo é motivo para o escambo, presente desde os nossos ancestrais indígenas, que cortavam o pau-brasil e carregavam os troncos até as caravelas dos colonizadores em troca de mercadorias pouco úteis como apitos e chocalhos.

Os atleticanos certamente não veriam problema nenhum em sofrer um prejuízo matemático, trocando dois times cariocas por um de mesma procedência. No caso, abririam mão de ver o Vasco e o Fluminense na série B para promover a estreia do Flamengo no descenso. Cenário que só seria possível se o Vasco conquistar os quatro pontos que pleiteia na Justiça Desportiva. Se é para bagunçar, vale a pena urubuzar.

MARRAKESHAZO, PICASSO E MUFFINS

A impensável derrota do Atlético em sua estreia no Mundial de Clubes agora se junta à criação de Não-Me-Toque, município do Rio Grande do Sul com pouco mais de 15 mil habitantes, e ao Dia do Muffin, homenagem ao famoso bolinho também conhecido por aqui com o nome de Queque.

Embora muitos atleticanos prefiram passar por uma lobotomia, celebrando eternamente o 25 de julho como aquele personagem de Bill Murray em "O Feitiço do Tempo", que retorna *ad infinitum* ao mesmo dia, o 18 de dezembro será sempre lembrado como o nosso "Marrakeshazo".

Não-Me-Toque, avisa minha mãe beata, se origina do latim *Noli me tangere*, que, por sua vez, tem relação com uma passagem bíblica em que Jesus Cristo, ressuscitado, é reconhecido por Maria Madalena. Episódio que inspirou Pablo Picasso a pintar o quadro *La Vie*, pertencente à sua fase azul...

Picasso teve outras fases, como a rosa, mas talvez falte-lhe uma, gênio que era, que começasse tão bem e terminasse tão mal, a exemplo do ano atleticano. Contra o Raja Casablanca, os jogadores parecem ter assimilado o pedido feito a Madalena, preocupados que estavam em não interromper a correria africana.

Um corte por baixo, uma trombada, uma entrada mais dura, um ímpeto que seja do uso de força controlada. Nada disso aconteceu. E quando a ansiada "pegada" apareceu, foi dentro da área, provocada pelo adversário que ganhou o pênalti. O Atlético parece ter esquecido, em algum canto da Libertadores, o como se joga.

É preciso resgatá-lo. A frase de Ronaldinho Gaúcho, ainda na beira do campo, é chave para projetarmos 2014: "Agora vamos ver o que resta...". Será que ainda resta humildade? Será que ainda resta aquela vontade ampliada por milhares de vozes em transformar cada partida numa batalha?

Em Marrakesh, não houve batalha, pelo menos aquela que acostumamos a ver em 2012 e 2013, que nos fizeram bater no braço como sinônimo de raça. Aprendi com minha mãe, também culinarista de mão cheia, que a diferença entre um cupcake e um muffin é a massa. E a nossa Massa é sólida o bastante para acreditar novamente.

MRV

O Segredo de Maria
Escute e Reze
Não Queira Ter Razão
Cale-se.

MRV
LUPO
BANCO

MRV
BANCO
BMG

24

MRV
10
C A M
ANCO
MRV
MRV

MRV
BANCO
BMG
28
3
18

BRIDGESTONE

26
ARLOS CESAR

Topper
BANCO
pepsi
Santa
Casa
Saúde
Topper
BANCO

Topper
CAM
BRAHMA
pepsi
Topper
Topper

Topper
CAM
BANCO
BMG
Topper

CAM

MRV
MRV

MRV
MRV

MRV
MRV

BMG

MRV
MRV
MRV
MRV

MRV
BANCO
BMG
28
15
2

Bruxo na arte alquímica, transformando metais em ouro, Cuca ressuscitou Ronaldinho e Jô e encontrou a melhor forma desses dois elementos combinarem com Bernard e Tardelli. Os alquimistas defendiam o estado de perfeição do Universo, que é a sensação de todo mundo agora, ao definir o Atlético como o melhor time da América do Sul."

- O ATAQUE ATLETICANO ENCANTA O MUNDO NA PRIMEIRA FASE DA LIBERTADORES

"Autor dos principais poemas épicos da Antiguidade, Homero teria eternizado a história do jogo, cheio de ingredientes caros ao seu estilo, como a superação desesperada dos perigos, com a reviravolta deixada para o último minuto. Por ali, nos instantes finais, passou Leucótea, a deusa marinha que salvou Ulisses do naufrágio. Certamente por obra dela, enviada pelo deus maior do futebol, o Atlético não encerrou a sua trajetória na Libertadores."

- EMPATE HEROICO CONTRA O TIJUANA, FORA DE CASA, NO SEGUNDO MATA-MATA

"Naquele único lance, Victor era, somente ele, o Atlético. Ele caminha para sua posição, assim como Riascos vai para a marca do pênalti. Close no rosto concentrado do goleiro. Close no rosto sério do cobrador. Plano geral do duelo, com seus atiradores parados. Em segundos, um estará vivo na Libertadores e o outro, morto."

- A DEFESA ESPETACULAR DE VICTOR NOS ÚLTIMOS INSTANTES DO JOGO DE VOLTA DIANTE DO TIJUANA

"Que cada jogador potencialize o grito da torcida e mude os ventos, a forma do gramado e a direção da bola, acreditando que tudo pode. Que de cada um nasça uma força até então desconhecida, semelhante à coragem instintiva e ao poder de transformação, porque, quando se crê, nos tornamos deuses."

- NECESSIDADE DE VENCER O NEWELL'S OLD BOYS, NAS SEMIFINAIS, PARA CHEGAR À FINAL

Das penumbras, clareadas vez ou outra pelos fogos de artifícios no céu, saíam formas seguras que só conseguimos identificar pelo preto e branco. Um sorriso e uma senha ("Galo!") bastavam para estabelecer a comunicação, uma linguagem própria que parecia sepultada há mais de 30 anos. Nos reconhecíamos e éramos reconhecidos."

- A COMEMORAÇÃO NAS RUAS APÓS A CLASSIFICAÇÃO PARA A GRANDE FINAL, CONTRA O OLIMPIA

"Nós sempre acreditamos, porque sentimos que esse amor não era de mão única e mal correspondido, com cada jogador nos devolvendo em campo, demonstrando o grande carinho por uma torcida que o acompanharia em todo lugar, até na Conchinchina se precisasse"

- O TÍTULO INÉDITO...

2014
AS VIRADAS HEROICAS

DEU
BRANCO!

Motivos para o Atlético não ser o mesmo Atlético no Mundial podem ser encontrados por atacado, sendo o mais comum afirmar que a cabeça do grupo estava para lá de Marrakesh, enxergando apenas costelinha de porco agridoce e rolinho primavera após o anúncio da saída de Cuca. O maior de todos os mistérios, porém, não foi desvendado: o que levou a equipe a fazer seus dois jogos com o uniforme completamente branco?

Se não extraviaram de propósito as malas com a sagrada camisa listrada, é certo que também não foi por uma solicitação da geradora de imagens. Garantir que exista uma viva alma com aparelho de TV em preto e branco em casa é como acreditar que o Fluminense disputará a série B em 2014. Em tempos remotos, para evitar que o telespectador se confundisse durante a bola rolando, um time usava roupa clara e o outro, escura.

Agora vemos tudo em cores, em alta definição, apesar de a atuação do Galo, em Marrocos, ter sido tão apagada. Parecia um grande borrão branco quando os jogadores se amontoavam no meio, deixando as laterais livres para a correria africana e os chutes made in China. Os atleticanos que não dão o braço a torcer vão dizer que o Galo ficou em terceiro lugar entre sete times e que o arquirrival chegou, por duas vezes, na segunda e última colocação.

É uma questão de perspectiva. O alvinegro terminou à frente de Guangzhou, Monterrey, Al-Ahly e Auckland City, mas protagonizou a pior campanha brasileira no formato atual do Mundial. Pior que a do Internacional, em 2010, que também amargou uma derrota para os africanos (o Mazembe, do Congo) na semifinal e ficou com o terceiro lugar ao vencer o Seongnam, da Coreia do Sul. Os colorados agora riem à toa: vitória no saldo de gols, 0 contra -1.

O tal benefício da cor branca também depende do ponto de vista. É sinônimo de paz, calma e luminosidade, mas, em excesso, pode significar frieza, vazio e impessoalidade. Se levarmos em conta o desempenho das principais estrelas do Galo, o brilho ficou mesmo em casa. Para evitar outros "brancos" como esses (há quem prefira definir a situação com o amarelo), o melhor é não dar brecha para o azar e manter a tradição: uniforme, só o titular. No Brasil, no Marrocos ou nos cafundós dos Judas.

O QUE RONALDINHO FEZ COM MINHA FAMÍLIA?

Meu filho Breno me liga segundos após Alexandre Kalil dar a notícia da renovação de Ronaldinho Gaúcho em sua conta no twitter. Foram 72 horas de grande tensão, com o celular na mão, esperando o desfecho da negociação. Mesmo na hora de dormir não largou o aparelho, acordando sempre que uma musiquinha avisava sobre a chegada de uma nova mensagem. Por causa do dirigente, acordava ao meio-dia.

Minha esposa Beth soube pelo facebook, embora não seja uma fã ardorosa de futebol, resumindo-se a acompanhar a movimentação em casa em dias de jogo, aprovando a nossa alegria nas vitórias e lamentando a nossa tristeza nas derrotas.

Também me liga para falar de Ronaldinho, seguido de uma detalhada reconstituição de sua quinta-feira e da intenção de mais uma vez mudar os móveis de lugar.

Na volta do trabalho, passo no apartamento dos meus pais. Com o rádio ainda ligado, papai me conta que torcedores foram à Praça Sete para comemorar. É a maneira dele de dizer que R10 continuará no Galo. Ele nunca dá o braço a torcer, prefere criticar a disposição dos alvinegros para sair de casa do que se mostrar contente por ter o maestro por mais um ano. Mas sei que, no seu íntimo, estava exultante.

Chegando ao lar, encontro a minha filha Julia, a poucos dias de completar sete anos, brincando com bonecas. Seu mundo parecia ainda estar recheado de muita fantasia até que o namorado da princesa Bela informa, durante cerimônia no Palácio de Cristal, que vestirá o manto sagrado para combater dragões e bruxas e jurar fidelidade ao povo atleticano. Demos três salvas ao cavaleiro Ronaldinho.

Enfim, deito na cama tentando entender como um simples tweet pode mudar a rotina de uma família, rolando como uma indisfarçável bola de neve por todos integrantes, cada um com seu jeito de assimilar o Dia do Fico. Alguns mais rápidos, outros incorporando o que se passa lá fora às suas tarefas. Mas como ficar indiferente a Ronaldinho, o craque que devolveu o orgulho à Massa?

Em meus sonhos, voltei a vê-lo fazendo seus dribles desconcertantes, seus passes precisos, suas cobranças de falta salvadoras e seu jeito moleque, batendo no braço para afirmar que “Aqui é Galo!!!”. No meio da noite, a Beth me cutuca para saber oque tanto eu ria e vibrava. Acordei me perguntando se Morfeu, o deus do sono, também tinha conta no microblog.

LIÇÕES PARA SE ESQUECER DE CUCA

Quando terminei com a Isa, numa situação semelhante a que Atlético e Cuca acabaram de vivenciar, sendo trocado por um curso de moda na França, no momento em que experimentávamos o melhor de nossa relação, minha dúvida era se deveria pedir de volta o carro que compramos juntos. Entre outras coisas, ela tinha "esquecido", no Brasil, o restante das 33 prestações a pagar.

A dívida estava em meu nome, mas o carro ficou meses na garagem da família da Isa, usado frequentemente pelo meu ex-cunhado. Tentei ser compreensivo, aceitando a justificativa de que a proposta de bolsa surgiu de última hora. Leandrinho deixou o carro lá em casa, sem falar nada dos amassados e riscos. Muito menos das prestações que eu continuei pagando até o final.

Num e-mail apressado, Isa explicou que deixou muita coisa pendente. Inclusive eu. Dias antes tínhamos acertado o noivado, que foi anunciado aos familiares dos dois lados. Estávamos felizes, vistos como o casal perfeito. Era como muitos torcedores enxergavam a relação de Cuca e Atlético, que pareciam ter feito juras de amor eterno após a conquista da sonhada Libertadores.

A busca de independência financeira do técnico pôs fim a esse casamento, seduzido pela proposta milionária dos chineses do Shandong Luneng. Não satisfeito depois de anunciar a renovação e voltar atrás, tentou levar o Luan para o seu novo time ainda durante o Mundial no Marrocos. E agora entrou na disputa com o Galo pela contratação do volante Elias.

Primeiro, o rompimento abrupto. Depois, o "nós" se transforma em "eu" como num passe de mágica. É assim no futebol como na vida a dois. Isa continuou atravessando o meu caminho por um longo tempo. Descobri que as passagens foram compradas com o meu cartão de crédito e, quando foi informada que eu estava namorando a Beth, passou a me ligar quase todos os dias.

Certa vez, ao retornar do trabalho, escuto as duas conversando por longos minutos ao telefone. Isa dava recomendações, salientando quais eram os meus pratos favoritos e que gostava de café forte e adoçado. Beth não é Paulo Autuori, que já avisou que seguirá o estilo de jogo de Cuca. Armou o "time" a seu modo. E vem dando certo há 16 anos.

FERRÃO DE ESCORPIÃO

Cuca é de Gêmeos, signo que representa a mobilidade e a rapidez de raciocínio, dois aspectos que caracterizaram o ataque do Galo em 2012 e 2013. Autuori é leonino, mas já deu para perceber que a filosofia de trabalho no clube mineiro está mais para escorpião.

Não é por acaso que o artrópode foi uma das presenças em campo na estreia contra o Minas, no meio de semana. Defensivamente, o bicho que habita a Terra há mais de 400 milhões de ano é um dos mais bem preparados da Natureza.

O escorpião é capaz de sentir a presença do inimigo somente com a vibração do ar, mas também percebe movimentações no solo e sinais químicos. Seu "radar" está localizado principalmente nos sensíveis pelos distribuídos em suas pinças e patas.

O que Autuori quer, na verdade, é criar um ferrão de escorpião na defesa atleticana, capaz de parar qualquer adversário com seu veneno. E isso fica claro ao ver o posicionamento do time em campo, agora não mais tão dependente da altura de Réver e Leonardo Silva.

Os escorpiões mais perigosos são justamente os "baixinhos". Quanto menor, mais veneno tem. Nesse sentido, Pierre e Josué desempenharão novos papéis no esquema tático. Mas não é só na defesa que os pequenos terão vez. O jovem atacante Marion entrou contra o Minas e provou que tamanho não é documento.

Depois que o treinador disse que o Campeonato Mineiro será usado como treinamento para Libertadores, outra técnica escorpiana se manifesta: a hibernação. No reino animal, os peçonhentos podem passar até um ano só com um inseto na barriga.

Para desacelerar seu metabolismo, ele diminui suas atividades ao mínimo, chegando a passar de 92% a 97% de suas vidas inativo. Mesmo nesse baixo ritmo metabólico, é capaz de atacar rapidamente quando preciso. Reação que todo atleticano espera a partir do dia 11, quando começa a Libertadores.

Para os astrólogos, o escorpião é o signo da transformação e da autorregeneração, palavras-chave para tirar do Atlético a sensação ruim deixada no final do ano, quando foi eliminado pelos africanos do Raja Casablanca no Mundial de Clubes.

LÁ NA TERRA DO CONTRÁRIO

Marcos Rocha não sobe como antes, encontrando uma parede invisível e intransponível no meio-campo. Pierre, que sempre foi nosso "volantão", do tipo que não se importa de chutar a bola em direção à arquibancada, agora arma as jogadas de ataque. E Tardelli, dono de um fôlego de leão, não exibe função nenhuma, pois parece ter entrado em campo somente para fazer número.

"Está ao contrário, pai!", alerta a pequena Julia. Por um breve momento, imaginei que ela estava falando do Atlético, que começou 2014 de maneira completamente oposta ao que vimos em 2013. O futebol que encantou a América e levou o time à conquista da Libertadores surge pálido, com o freio de mão puxado. Está longe de ser um grupo vibrante e disposto a vencer qualquer obstáculo.

Depois de duas horas montando meu antigo ferrorama XP 500, guardado há anos no alto do armário, Julia se diverte vendo o trenzinho correndo velozmente com os vagões à sua frente. Imediatamente peguei o cronômetro e marquei o tempo que ele completava para fazer a longa volta. Pus a composição atrás da locomotiva e botei novamente para rodar. Exatamente o mesmo tempo.

Havia chegado à conclusão que, sim, o Atlético poderia ser bicampeão da Libertadores, disputar a liderança do Brasileiro e não ser eliminado de forma vexatória na Copa do Brasil. Quem sabe, apagar a triste atuação no Mundial. Como caiu de produção no segundo semestre de 2013, seria possível inverter a ordem das coisas e vê-lo, um ano depois, encher nossos olhos a partir de julho.

Iniciei, com a ajuda da Julia, uma caçada implacável a um disco infantil do Padre Zezinho, lançado nos anos 80, achando-o entre os vinis de meu pai. Pus o LP no velho aparelho 3-em-1 e ouvi, cheio de nostalgia, sobre uma Terra do Contrário em que “vai para trás quem vai para diante” e onde “o quadrado é uma esfera”. Minha filha pulava e gritava com o coro o refrão “Onde é que fica essa Terra do Contrário?”.

“No Galo! No Galo!” –eu respondia enlouquecidamente, como se tivesse voltado à infância. A Beth tirou a agulha do disco e, nervosa, queria saber quem havia escondido os remédios da vovó para depressão. A única coisa que ingeri foram as cápsulas da minha inseparável vitamina B, que coincidentemente eram da mesma cor. Minha esposa saiu da sala sem esconder a sua contrariedade. E ainda dizem que eu sou “do contra”...

MAL
ME
QUER...

Meu cunhado Carlinhos acaba de me entregar um extenso e detalhado relatório sobre Paulo Autuori. Lá estão quantas vezes o técnico do Atlético se levantou do banco de reservas, por quantos minutos permaneceu em pé na beirada do campo, o número de oportunidades em que se dirigiu aos jogadores e até o *scout* das palavras que foram utilizadas.

Se não contratou um especialista em leitura labial, ele deve ter "plantado" uma escuta em algum lugar dentro da área onde Autuori fica – segundo os dados apresentados por Carlinhos, o treinador não dá mais do que oito passos por vez. Pulos acrobáticos como o nosso ex, Cuca, costumava dar só na outra encarnação.

Os atleticanos agora passam mais tempo observando a movimentação de Autuori do que qualquer outra coisa. Querem que ele mude, na marra, o seu estilo de comandar a equipe, exibindo gritos, muito gestual, impaciência por uma jogada que não estava no script, superstições e, não poderia faltar, uma boa dose de xingamentos ao bandeirinha.

O técnico carioca, por outro lado, demonstra que não irá alterar em nada o seu jeito comportado e calmo, quase zen, de quem está acompanhando uma partida de críquete. Não sei quem irá vencer esse jogo de paciência (que a Massa já mostrou não ter nenhuma), mas me agrada essa teimosia de meu xará.

"Sei exatamente o que quero", avisou, sem se importar com a pressão que vem sofrendo das arquibancadas. Se vencer o Mineiro, irá fazer muito torcedor engolir seco. Não falo da Libertadores porque, nesse caso, terá alcançado um feito histórico. E não duvide se, depois, ele der uma banana (de forma cavalheiresca, claro) e buscar outro time, saindo pela porta da frente.

Como também tudo pode dar errado e Autuori se revelar um baita de um retranqueiro, desperdiçando o que o Galo tem de melhor: o ataque. Independentemente se for céu ou inferno, hoje ele está naquele lugar para onde vão as pessoas que não pagaram completamente a satisfação devida por sua transgressão. O pecado de Autuori é não ser um clone de Cuca.

MENOS
O
ÔNIBUS

É mais de meia-noite e continuo no ponto de ônibus da Silviano Brandão, solitariamente esperando o 62 passar. Durante várias vezes em 2013, fiz esse mesmo caminho, em horário semelhante, vendo a alegria se espalhar entre os muitos carros que buzinam e deixam o rádio ligado no último volume.

O gol de Neto Berola, reprisado na voz do Caixa, parece estar acontecendo ao vivo, tal é a segunda onda de comemorações. O jogo contra o Santa Fe foi tão sofrido quanto a campanha do ano passado e talvez por esse motivo fez os torcedores, antes apáticos e desesperançosos, se reconectarem ao Galo da superação.

Erramos – equipe, jornalistas e torcida – em focar nossa atenção no Bayern de Munique no minuto seguinte em que erguemos a taça de campeão da Libertadores. No Mundial, deveríamos ter dado continuidade à filosofia de pensar partida por partida, "secando" cada adversário a ponto de tirar o sono deles com nossos rojões.

O Atlético só é Atlético quando luta. Quando joga mal e luta, nos damos por satisfeitos. O desempenho de quarta não foi excepcional. Falta ainda aquele último e mágico passe dos tempos em que Bernard, R10, Tardelli e Jô corriam em velocidade e aterrorizavam os defensores, que não sabiam como pará-los.

Mesmo assim, pôs o coração na chuteira e criou situações para a virada. A Massa foi junto, empurrando mentalmente, projetando trajetórias para a bola. Quem poderia imaginar que ela procuraria Berola e o jogador iria dar aquele voleio, fazendo-nos enxergar uma beleza jamais vista no jogo do baiano?

Mais do que seu nome (Sosthenes na certidão de nascimento), Berola parecia esconder um bolão. Herói da partida, Berola encarna o próprio sofrimento atleticano. É imperfeito, falho, limitado. Não consegue ficar em campo durante 90 minutos, mas é teimoso. De tanto insistir, em arranques tortos, consegue. Vence pelo cansaço.

É como me sinto com 40 anos recém-completados. Um sobrevivente que se compraz em compartilhar duas horas de sofrimento com 15 mil desconhecidos. Um persistente burro e nostálgico que se dirige à avenida Silviano Brandão, esquecendo-se que o itinerário do 62 foi transferido para a Jacuí. Uma vida se passou naquele instante, menos o ônibus.

FORA
DO
COMPASSO

Atlético e Cruzeiro retornam ao clássico. Não estou falando da rivalidade construída ao longo de décadas de disputas acirradas, mas sim do período artístico em que as orquestras não dispunham daquele homem que, postado à frente dos músicos, balança caoticamente uma varinha com ar esnobe: o maestro.

Para dizer a verdade, nunca entendi bem o papel do regente, principalmente ao observar que muitos de seus comandados não fazem questão de sequer olhar para o dito durante a apresentação, mirando-se apenas na partitura ao lado. Deveria ser igual ao técnico de futebol que, após treinar o time durante a semana, reserva-se a ficar no banco, fora das quatro linhas.

Papai me conta que, no período clássico, essa figura centralizadora não existia e quem coordenava era o primeiro violinista ou alguém da turma do sopro. Bach e Mozart, afirma, regiam sentados, misturados aos outros instrumentistas. O maestro só surgiu no romantismo, quando as orquestras ficaram maiores, para botar ordem à bagunça.

Função de liderança que Ronaldinho Gaúcho e Éverton Ribeiro deveriam desempenhar em 2014. Por enquanto, não chegaram perto da atuação coroada por títulos importantes no ano passado. Os altos e baixos dos campeões da Libertadores e do Campeonato Brasileiro na atual temporada refletem o futebol minguado desses "maestros".

Embora tenha dado o passe do primeiro gol contra a La U, Éverton Ribeiro não desequilibra como antes. O caso de R10 é mais grave. Diante do Santa Fe, a sensação é de que ele mais atrapalhou do que ajudou. O Atlético jogou com dez e, se tivesse outro nome caindo pela esquerda, o resultado poderia ter sido melhor.

Alguns atleticanos já defendem algo que, há poucos meses, poderia soar como ofensa: colocar o craque no banco. Guilherme vive a sua melhor fase no clube e faz uma imensa sombra ao colega. No Cruzeiro, se não começar a jogar a bola, Éverton Ribeiro logo poderá se tornar uma peça descartável na orquestração do time.

Papai explica que o maestro tem que definir para os músicos o compasso, a velocidade e o sentimento naquilo que deve ser apresentado. No lugar de um compasso ternário (próprio para a valsa), não há nada além de barulho na dupla. O andamento é de um adágio (vagaroso e de forma patética) e o sentimento nos lembra mais um bolero.

O SHOW DEVE CONTINUAR

No retorno para casa, dentro do ônibus, ouço em looping *Take the Long Way Home*, do ex-Supertramp Roger Hodgson. Abro a porta balbuciando "Does it Feel that Your Life's Become a Catastrophe!", melancólico desabafo que meu filho parece não entender, por estar às voltas com funk e sertanejo.

Breno desdenha do meu interesse "paleontológico". Mal sabe ele que os astros do passado estão cada vez mais presentes entre nós. O Brasil se tornou parada obrigatória dos velhos roqueiros, sempre encontrando ginásios lotados.

Hodgson já não alcança os mesmos agudos, e Ozzy, por mais que exagere na maquiagem e nos cabelos molhados, jamais conseguirá esconder a falta de fôlego. Mesmo colhendo alguns trocados ao redor do mundo, o tiquinho de talento desses dinossauros ainda nos faz vibrar como meninos.

Digo o mesmo sobre a chegada de Anelka no Atlético. O futebol costuma ser mais pragmático que a música, importando apenas os resultados de momento. Mas por mais que a perna não obedeça aos comandos do cérebro, há um lampejo que nos desconcerta por completo.

Não se pode exigir deles o futebol rápido e jovial. É desejável deixá-los ali, como se ensaiassem a realização de algum "solo", de algo que tocará diretamente o nosso coração. Igual a Ronaldinho, beneficiado por um tratamento diferenciado, como um astro de seu porte merece.

Enquanto Pierre, Josué, Donizete e Léo Silva se desdobram, perseguindo incansavelmente os adversários, R10 espera o momento de oferecer seus passes mágicos e jogadas surpreendentes. É o bastante para transformar uma partida, tornando-a inesquecível. A isso se dá o nome de magia.

Às vezes esse espetáculo dura meros segundos, o tempo para o meia atleticano cobrar uma falta cuja trajetória da bola passará caprichosamente por baixo da barreira. Em nossas mentes, porém, se eterniza. Que aqui Anelka nos garanta pelo menos 10% de genialidade, o que, para o futebol brasileiro atual, convenhamos, já é muito.

TÉCNICO
PROZAC

Em outros tempos, seriam acionados nomes de emergência como José Maria Pena, Procópio Cardoso e Marcelo Oliveira. Uma espécie de tapa-buraco, que, dependendo da "pressa" dos dirigentes atleticanos, poderia ter a sua interinidade estendida até o final da temporada.

Foi assim que, nos piores momentos, vimos em Procópio um salvador, tirando o Atlético do rebaixamento, quando, em 2004, entrou no lugar de Mário Sérgio. Acabou sendo substituído, no ano seguinte, por Tite, lembrado como o técnico que fez o Galo cair para Segundona.

Dez anos depois, o futebol alvinegro está tão célere que não há mais espaço para esses eternos interinos. Dou-me conta disso no momento em que, pouco depois de saber da demissão de Autuori, leio o nome de Levir Culpi como nome certo para comandar o time já nesse domingo, diante do Grêmio.

A imagem de Autuori no saguão do hotel colombiano surge velha, perdida na avalanche de notícias que fazem do jogo da última quarta um acontecimento longínquo. Para os jogadores, a figura daquele homem que insiste em dividir o mesmo espaço representa um fantasma do fracasso.

Tudo parte de um salutar desejo de manter a competitividade da equipe, mas também uma forma de passar uma borracha numa escolha que não deu os esperados frutos. Típico dos tempos do Prozac, da necessidade de, psicologicamente, livrarmos o mais rapidamente possível da sensação ruim.

De um treinador sem qualquer empatia com a massa atleticana vem justamente seu oposto, um nome profundamente identificado com o clube, responsável por sua "redenção" no Campeonato Brasileiro, ao faturar o título da série B, em 2006. O time agora não está em crise, mas falta-lhe uma alma.

Curiosamente, Levir é uma variante de Levi, nome bíblico cujo significado, em hebraico, quer dizer exatamente união. Sinergia com o torcedor que será mais do que necessária para o Atlético reviver, no Independência, o lema "Eu Acredito" que lhe garantiu a Libertadores de 2013. Abençoado seja!

CRÔNICA DE UMA MORTE ANUNCIADA

Nas horas de maior dor, nada melhor do que procurar um médico e ouvir dele didaticamente o conceito biológico de morte. Tudo se torna mais palatável e justificável. Assim ouço as palavras de um médico da família como se estivesse diante do Pepe Guardiola.

Pergunto sobre a prática da eutanásia, abreviação de vida de um enfermo incurável, que é como absorvi o pronunciamento de Alexandre Kalil após a eliminação na Copa Libertadores, dentro de casa, para o Nacional de Medellín.

Ao assumir que um trabalho de cerca de 120 dias foi jogado no lixo e que o ano do clube começaria em maio, a sensação é de ter acompanhado a confissão de que o Atlético de 2014 já veio ao mundo quase morto, sendo preciso cinco meses para enterrá-lo.

O doutor fala em eutanásia passiva, ação que não provoca imediatamente a morte do paciente. Com a suspensão gradativa de todos os cuidados médicos e farmacológicos, o doente acaba por falecer naturalmente.

A contratação de Paulo Autuori teve esse efeito, com o Galo perdendo aquele tubo de oxigênio que o ligava permanentemente à torcida, quando bastava vir o grito das arquibancadas para o time ganhar uma vida extra, sempre se superando.

Nos últimos tempos, seu futebol se mostrava cada vez mais pálido, longínqua lembrança do Atlético vice-campeão do Brasileiro de 2012 e dono do título da Libertadores de 2013. Não havia outro remédio senão “matá-lo” oficialmente.

A eliminação diante de 18 mil torcedores teve o dissabor de um velório, comprovação de que o Atlético, senhor absoluto do futebol sul-americano que encantou a todos no primeiro semestre do ano passado, seria impossível de ser ressuscitado.

Talvez nunca mais reencontraremos aquele grupo vencedor, apesar de os jogadores serem os mesmos, ocupando um espaço privilegiado entre as nossas lembranças. Agora é um outro Atlético, um bebê, que precisa aprender a falar e dar seus primeiros passos.

A lateral, maior carência da equipe, é o órgão que exigirá mais estímulo. Assim como o cérebro representado por Ronaldinho Gaúcho, ainda confuso e preguiçoso. E se nada adiantar, o melhor é dar um tiro certeiro no coração.

Embora mais dolorido e traumático, a Massa aprendeu depois de muitas expectativas e frustrações, depois de várias recomeços, que, na maioria das vezes, esse é o remédio mais indicado para as doenças incuráveis do futebol.

POR
UM
MUNDO
MELHOR

Após Muricy Ramalho reclamar bastante da atuação da bandeirinha Fernanda Colombo, que teria prejudicado o São Paulo com a marcação de vários impedimentos no jogo de quarta-feira, contra o CRB, pela Copa do Brasil, é bom Levir Culpi não cantar de galo com a moça.

A escalação de mulheres com a bandeira em riste para o clássico não traz boas lembranças ao atleticano. Em 2009, na final do Campeonato Mineiro, o então técnico Leão soltou cobras e lagartos sobre Katiuscia Mendonça no intervalo da partida e foi expulso pelo árbitro Leonardo Gaciba.

A bem da verdade, num jogo dominado por reservas de lado a lado, a grande estrela é a catarinense de 23 anos, considerada uma das musas do apito. Aliás, se promovessem um concurso de misses saídas dos gramados, o Estado sulista ocuparia facilmente as primeiras colocações.

No pódio estaria, por exemplo, Maíra Americano, aquela que foi chamada de "gostosa" pelo treinador do Juventus, depois deste, adivinhem, ser retirado de campo. Não seria nenhum exagero afirmar que os técnicos brasileiros perdem a cabeça quando veem uma sainha correndo pelas laterais.

Os dirigentes perceberam o potencial espetacular da vestimenta, não obrigando mais às bandeirinhas usarem o mesmo figurino dos homens, como a adoção das saias short. Elas querem ser femininas e mostrar que não precisam se comportar como seus colegas para entenderem de futebol.

Prova disso é a relação de mulheres nos quadros da Fifa. O Brasil, uma das culturas mais machistas em se tratando de bola no pé, lidera o número de árbitras no mundo, com oito nomes. Entre elas, a mineira Janette Arcanjo, que, no Brasileirão 2013, teve um dos melhores desempenhos na marcação de impedimentos.

Assim como as mães dos homens dessa profissão são hostilizadas pelos torcedores, ser namorado ou marido delas implica numa tolerância quase budista. E não é só pelos xingamentos impublicáveis. Elas viraram musas e muita gente, como eu, não irá ao Independência para ver o penteado de André ou o bigode de William.

Como fã de Fernanda, qualquer erro dela já estará por mim perdoado, seja para que lado for. Seria como a instituição da paz no futebol. Afinal, foram elas (na figura da baronesa checa Bertha von Suttner) que inspiraram Alfred Nobel a criar, em 1901, um prêmio para aqueles que trabalham por um mundo melhor.

DESPEDIDA DO CRAQUE?

Retribuo os seus vários tchaus, dirigidos à arquibancada lotada, com mais de 50 mil atleticanos que viram um dos grandes nomes da história do clube aparentemente se despedir. Se for verdade, é uma surpresa, mas um dia tinha que acontecer. E nada melhor que seja agora, em mais uma conquista.

Sofrida, como sempre, mas quando não foi? Aprendemos a lidar com a emoção dobrada, um ar em suspenso e gritos de "Eu Acredito!" que se refletiram num time aguerrido, que em seus melhores momentos não desistia nos placares mais adversos.

Confesso que estava de coração apertado por sua tristeza, pois sabemos que você só joga com alegria nos pés. Com aquele sorriso maroto de quem acabou de fazer uma arte, fingindo que queria apenas um pouco de água de Rogério Ceni para surpreender a todos num ataque-relâmpago.

Aliás, surpresas foram a sua marca registrada em sua passagem pelo Galo. Como esquecer do toque mágico, que tantas vezes colocou seus companheiros na cara do gol, como se deixasse a bola caprichosamente nos seus pés, bastando a eles empurrá-la para as redes?

O gol era uma explosão, um forte encontrão no ar com seu amigo Jô durante as inusitadas comemorações. Desde que chegou, repentinamente, no CT de Vespasiano, eles foram surgindo das mais variadas formas, sempre com assinatura de mestre.

Com pouco mais de dois anos, você encarnou o atleticano de verdade, forte e vingador, que chamava a responsabilidade a cada desafio, a cada clássico, muitas vezes batendo no braço e dizendo “Aqui é Galo!”.

Você recuperou o orgulho de ser alvinegro e soubemos reconhecer isso, enchendo os pulmões para gritar o seu nome, idolatrando-o, amando a sua família e depositando no bico de sua chuteira uma confiança que não temos nem mesmo entre os nossos.

Estou exatamente no mesmo lugar de 365 dias atrás, quando conquistamos a Libertadores, o nosso maior título. E você fez parte dessa história. Agora lhe vejo abraçando um por um dos jogadores e beijando o escudo. Se for mesmo uma despedida, um ciclo foi encerrado. Obrigado, R10!

P.S. – Mas espero, com toda sinceridade, que tenha sido apenas um jogo de cena e retorne para o bis, para o melhor de seu repertório. Coisas de artista, que espera provas constantes de amor de seu público.

CIAO, RONALDO

Vindo do Mineirão, só coloquei os pés em casa às 3 horas da madrugada e no final da manhã já estava em Campinas, sem saber se R10 tinha realmente se despedido do Atlético, dúvida que roubou os holofotes até mesmo da própria conquista da Recopa.

Já era mais de meia-noite, ainda com a cabeça em BH e com poucas horas de sono, quando meus colegas críticos de cinema me perguntaram, após duas sessões de filmes no Paulínia Film Festival, quem exibiu a melhor interpretação do dia. Não tive dúvidas: Ronaldinho Gaúcho.

No jogo de quarta, R10 mostrou uma atuação de coadjuvante de algumas poucas cenas, mas seu comportamento ao sair de campo foi digna de atores veteranos que, diferentemente do que está previsto no roteiro, prolongam suas falas e tentam pegar o melhor ângulo da câmera.

Nem mesmo Deborah Secco nua e servindo de "professora" a um jovem virgem, no filme Boa Sorte, chamaria tanta atenção como a forma que o craque inteligentemente usou as mãos para fazer aquilo que seus pés deixaram a desejar na final da Recopa.

Sem abrir a boca, com alguns acenos de mãos para a torcida e cumprimentos a cada um dos jogadores atleticanos, R10 criou uma das mais brilhantes encenações da história do futebol – algo que Marín, numa atuação de canastrão, não chegou perto ao anunciar Dunga como técnico da Seleção.

E fez sabe-se lá porquê, se era para sinalizar para a Massa que não voltará a vestir a camisa do Galo, para irritar o técnico Levir Culpi, que vem sacando o ídolo precocemente das partidas, ou qualquer outro motivo já intensamente cogitado pelos boleiros de plantão.

O fato é que não teve outro assunto no Mineirão do que os tchaus de Ronaldinho. Como bom intérprete que é, intuiu que um gesto misterioso, lido da forma mais direta (dar tchau não teria outro sentido que não se despedir), lhe transformaria novamente em protagonista do jogo.

E você sabe que um ator teve uma presença genial quando nos lembramos dele mesmo quando está ausente da cena, como se todo o resto estivesse invisivelmente conectado a ele. R10 só voltou a campo para o *grandfinale*, para carregar a taça de campeão.

Para os otimistas: "tchau" tem origem na expressão "Lo Sono Suo Schiavo" (Eu sou seu escravo, em português), mais tarde resumida em "ciao" e usada tanto na hora de sair como também na chegada. Quem sabe não é um aviso de que seu bom futebol está por vir?

O BURRO MAIS QUERIDO

Pablo me liga atônito, quando eu estava no cinema, em busca de algum dicionário de bichos. Enquanto tento abafar a voz me escondendo embaixo da poltrona, recomendo um livro qualquer de biologia. Meu amigo, já impaciente, explica que não quer simplesmente uma relação de espécies da nossa fauna, mas algo mais "profundo", que fale das características humanas deles.

De estalo me lembrei das fábulas de Perrault, La Fontaine e irmãos Grimm, recheadas de histórias que enaltecem o trabalho sobre a preguiça, a bondade sobre a maldade e a verdade sobre a mentira. Em "Chapeuzinho Vermelho", o lobo escondia intenções perversas em seu disfarce de vovozinha. Já o grilo se torna a voz da consciência em "Pinóquio".

Com a Beth visivelmente incomodada ao meu lado, pedindo para desligar o celular, passo dos contos de fada para o livro de George Orwell, "A Revolução dos Bichos", sátira do comunismo em que os animais de uma fazenda tentam criar uma sociedade utópica, com um porco comandando a rebelião contra os seus donos, mas que acaba trocando uma ditadura por outra.

Pablo quer mesmo um bicho ignorante que possa substituir o clássico burro. Curioso, eu quis saber a razão, já que o *Equusafricanusasinus*, também conhecido como asno e jegue, carrega essa fama desde a Grécia Antiga, quando Esopo escreveu sobre um burro que vestiu pele de leão, para assustar as pessoas, até ser desmascarado pela raposa.

"Qual o objetivo de chamar um técnico de burro se ele faz marketing às nossas custas, usando os xingamentos para escrever um livro?", questiona. Aí entendi que ele está falando de Levir Culpi, que lançou recentemente "Burro de Sorte?". No Atlético, em suas quatro passagens, foi chamado de burro pela torcida, o que não lhe impediu de retornar ao clube.

Percebe, com o distanciamento necessário, que a Massa é bipolar e basta uma boa vitória sobre o arquirrival ou um título para ficar em paz com ela. E essa paciência parece ter se fortalecido durante os anos no Japão. Pablo, bem como centenas de atleticanos, está na fase depressiva, não aceitando a insistência de Emerson Conceição na lateral esquerda.

Reclamando sem parar, sem se importar que eu estava numa sala de cinema, Pablo carrega esse jeito inconveniente que, somado às ações sempre estabanadas, que quase põem tudo a perder, merecidamente lhe fez ganhar, em nossas peladas de terça à noite, o apelido de Donkey. Isso mesmo, aquele burrinho que perturba Shrek nos desenhos.

FAST FOOD ATLETICANO

Com os preços irreais (pelo menos para esse cronista) cobrados pelos bares e restaurantes de Gramado, busquei socorro numa pastelaria próxima da Igreja Matriz São Pedro, no centro da cidade gaúcha, onde, curiosamente, todos os lanches levam nomes de filmes que vão dos clássicos aos mais populares.

Tentei entender os critérios e me diverti comendo "Os Pássaros", um pastel de frango com catupiry, e também o "Shrek", salada com muitas folhas verdes, claro. Minha imaginação foi além e, um pouco para espantar o frio que teimava em ficar abaixo de 10 graus, passei a vincular alguns sanduíches aos jogadores do Atlético.

Evidentemente um sanduíche com o nome de Victor não poderia levar frango, apesar de eu gostar muito. Tem que ser algo confiável e capaz de fazer milagres quando nada parece bom. Não tive dúvidas, portanto, em escolher o cachorro quente, encontrável em qualquer carrinho de esquina. O tradicional. Com molho, a salsicha corre o risco de escapar.

Marcos Rocha é aquele lanche que, indigesto no início, passou a ser, com o tempo, saboroso ao nosso paladar. Quando criança, odiava com toda força sanduíches com ervilha, pimentão, cebola, azeitona, rúcula ou pepino. Agora são os meus preferidos. Não há como negar também os efeitos para a saúde, incluindo a do meu bolso.

Há pratos que podem ou não cair bem no nosso estômago, como a dupla de zaga do Galo, que muda a toda hora por causa de lesões (já teve Otamendi, Edcarlos, Réver e Jemerson...). No meu caso, o resultado é sempre incerto quando adiciono algo mais apimentado. Das duas uma, ou acerto em cheio ou o pedido sai pela culatra.

O miolo é, sem sombra de dúvida, o principal problema no esquema atleticano. É como um daqueles beirutes com um belo pão sírio por cima, mas que deixa a desejar no rosbife, principalmente se está meio sem gosto. Falta aquele algo mais, que no time de Levir Culpi significa um volante com boa chegada no ataque.

Se tem uma área faminta no grupo é a lateral esquerda. A nossa esperança é que o recém-chegado Douglas Santos não se torne mais um sanduíche frio. E o que dizer do ataque que não nos deixa com água na boca? O jejum de gols de Jô me lembra a época que minha avó deixava a pizza em cima da mesa e nós não a esperávamos servir, invariavelmente queimando a língua.

UM DIA
DE CARLOS

Galo canta, clarina, cocoria, cocorica, cucurica e cucurita. Não pia, assim como o urubu, que pode corvejar, crocitar, grasnar ou crasnar. Menos piar, que é coisa de falcão, codorna, coruja, bacurau e macuco. Digo isso porque quinta-feira passada foi dia do Pio.

Do São Pio X, considerado um dos maiores papas do século passado, depois canonizado e vinculado aos peregrinos enfermos. Minha mãe, beata que também joga no campo da astrologia, já tinha feito o "mapa" da partida no Rio, lamentando que Victor perderia a sua condição de milagreiro.

Entre um santo e outro, Pio era mais forte e estava vocacionado a curar um enfermo como o Flamengo, antes fadado a permanecer na zona da degola do Campeonato Brasileiro.

Tentei argumentar que o jogo era na quarta, dia de São Bernardo de Clairveaux, mas de nada adiantou.

E tive que me curvar aos prognósticos de mamãe, aumentando o zoom da TV para procurar alguma medalhinha de Pio X na área do atleticano. Por duas vezes, a bola bateu na trave e voltou-se traiçoeiramente contra Victor. Na cobrança de pênalti, me fez lembrar de Carlos, o goleiro de 86.

Com as mesmas cores cinzas de Victor em seu uniforme, Carlos passou a ser lembrado pelo azar de, durante as penalidades entre Brasil e França, nas quartas-de-final da Copa do México, ver a bola de Bellone explodir na trave e suas costas empurrarem-na para dentro do gol.

Bellone era lateral, bem como o Léo Moura que marcou diante do Atlético. Um esquerdo e o outro direito. O francês era chamado de Lucky Luke, o caubói do desenho, por sua rapidez. E Léo, concordem ou não, é o que chamam de "motorzinho da Gávea".

Bellone enfrentou terríveis problemas financeiros mais tarde, levando uma bola nas costas de seu contador. Não me senti vingado, porque tenho para mim que aquele cumprimento de Zico, quando Carlos se dirigia para a sua área, foi a kryptonita do goleiro.

Não vi quem cumprimentou Victor antes da cobrança da penalidade de quarta, mas considero que foi presente de um lateral para outro. De Pedro Botelho para Léo Moura. No quesito azar, o Atlético não tem um pé esquerdo que preste para poder pisar com ele primeiro.

NA MÉDIA

A atuação do Galo nesse semestre me faz lembrar das aulas de Física na escola, quando ainda se falava Científico. Sempre passando na média. É um gol de diferença, um deus nos acuda para a bola estufar a rede. Jogadores que se esforçam ao máximo e outros que dão um vexame atrás do outro, quase colocando tudo a perder.

Uma hora Victor nos salva. Em outra a bola o engana, batendo na trave ou nas suas costas. Maicosuel está igual às minhas notas da época: sempre tirando 60, o bastante para passar. Nunca tem um desempenho notável, mas também não compromete. E o recém-contratado Rafael Carioca entrou no time de forma tímida. É difícil saber se é melhor do que os outros de sua posição.

Tardelli observa que a equipe está encontrando um padrão. Mas padrão pode ser tanto um modelo a ser seguido como também uma média do futebol jogado pelos 20 clubes da série A. E a gente sabe que o único time que está destoando é o Cruzeiro. Dentro do Brasileiro, o padrão é bom, aceitável. Porém, ninguém se arrisca a dizer que o Atlético tem chances de título.

A avó do meu amigo Pedro Costa gostava de falar padrão no lugar de monumento. É que ela é portuguesa e era comum os descobridores dos tempos das caravelas colocarem marcos de pedra para assinalar que aquela terra já tinha dono. Talvez seja o mais próximo do padrão que esperamos do Galo: um jogo que nos conquista e deixa marcas, como foi em 2013.

Como existe a possibilidade de o Atlético enfrentar o América do Rio Grande do Norte nas quartas-de-final da Copa do Brasil, talvez poderia aproveitar a viagem para passar pelo Forte dos Reis Magos, em Natal, e visitar o Marco dos Touros, fincado em 1501 por navegantes portugueses. A pedra de 1,62m é cultuada como algo capaz de realizar "milagres".

Cabeças, braços e pernas eram depositados no lugar como forma de agradecimento pelas curas. O que não seria nada mal se Pedro Botelho e Alex Silva deixassem os seus por lá. O problema é que o povoado de Pedra Grande, onde ela estava originalmente, chama a pedra de "Santo Cruzeiro". E, ao que parece, já escolheram o time para conceder a graça divina.

SÓ
JESUS
SALVA!

Quando você, na maior cara de pau, se esforça para adiantar em três dias a festa de aniversário de sua esposa, só porque a data do parabéns coincide com o final da Recopa, é hora de procurar ajuda. Aos 40 anos, finalmente admito que faço parte daqueles casos clássicos de quem enxerga no futebol uma espécie de religião.

Sim, sou um dos que celebram o dia de São Victor diante de um enorme pôster horizontal afixado na parede. Bem como o 24 de julho, meu Independence Day. A cada 19 de dezembro, passo na casa de meu pai para ouvir, pela milésima vez, os detalhes da conquista de 1971. Não são muitas datas, pois não seria religião se não tivesse algo de dor nisso tudo.

No momento em que disse para a Beth que Jemerson e Dátolo, dois dos melhores nomes do elenco atual do Atlético, têm em comum a graça de Jesus, minha mulher saiu da sala de TV me acusando de blasfemador. Não deixou explicar que um pouco de luz num time tão desequilibrado carrega, literalmente, o nome de Jesus.

Dátolo, o argentino que nos fez esquecer tão rapidamente de outro santo de devoção (Ronaldinho, que já não atendia aos nossos pedidos de milagre), na verdade, é Jesús Alberto Dátolo. E o zagueiro que ressuscitou a classe, a frieza e a raça de Luizinho tem escrito, em sua certidão de batismo, Jemerson de Jesus Nascimento.

Quando estão juntos, exibem um retrospecto positivo, somando resultados de Mineiro, Libertadores, Recopa, Brasileiro e Copa do Brasil, além de amistosos. Em 12 jogos, ganharam oito, empataram três e foram derrotados uma única vez, para o Flamengo, clube que, na falta de um santo, sempre contou com uma boa ajuda terrena. Vide a Libertadores de 1981.

Além de marcar o gol no Palmeiras, foi Jemerson quem fez aquele lançamento lá de trás e que culminou, em poucos toques, na comemoração de Luan (nosso trevo de quatro folhas). Com Jesus e Nascimento compartilhando seu sobrenome, fiquei curioso em saber a cidade natal dele: a baiana Jeremoabo, que, na língua indígena, significa plantação de jerimum.

Jerimum nada mais é do que a abóbora, que, para os especialistas, previne as doenças do coração, já abalado com a falta de mira do ataque atleticano. É boa também para melhorar nosso humor – azedo após o desempenho de Alex Silva e Jô – e o sistema imunológico. Esse sim, com Jemerson de Jesus nossas defesas estão prontas para qualquer Guerra Santa.

A GRAMA
DO VIZINHO

Semimembranáceo, fibular longo, sartório, gastrocnêmio, flexor longo do hálux e sóleo. Para ser bem sincero, desconhecia completamente a existência desses músculos em minha perna. Muito menos que eles estão divididos nas partes anterior, posterior e lateral.

Já machuquei jogando bola e passei noites de muita dor, mas o médico, talvez prevendo meu parco conhecimento em Biologia, nunca disse nada além de "contusão" ou "luxação". No máximo, tentava incluir um pouco de descontração indagando se eu atuava na zaga ou no meio-campo.

Os "ovões" (os peladeiros ainda falam assim?) vêm à memória quando meu filho me pergunta sobre o adutor da coxa esquerda de Rafael Carioca. O mesmo adutor que tirou de campo

Maicosuel e Pierre. O adutor, ao que parece, é o grande adversário do Atlético nessa temporada.

Breno quer saber onde fica o tal adutor, mas meus conhecimentos futebolísticos de quatro décadas de nada ajudam nesse momento. Com tantos jogadores no Departamento Médico, o Galo obrigou os torcedores a voltarem aos bancos da escola, substituindo tática por anatomia.

É assim que a Beth, minha esposa, passou a ser presença assídua durante os jogos pela TV. Pode não entender nada de impedimento ou saber apenas o nome de Victor e Tardelli, mas foi a primeira a dizer que o defensor Emerson tinha fratura na fíbula.

Assim como os comentaristas de arbitragem se tornaram quase obrigatórios nas transmissões esportivas, ela é chamada na sala sempre quando um jogador atleticano desaba no gramado. Como qualquer torcedor que vê seu time reduzido ao terceiro quadro, nossa preocupação hoje é com o tempo.

Não o do cronômetro, claro, mas o tempo que determinado jogador ficará entregue aos médicos e fisioterapeutas. Muitos foram deixados no DM há tanto tempo que dão a impressão de que precisam de uma equipe de resgate pare tirá-los de lá. Ficaram esquecidos.

Carlinhos Neves culpa a pré-temporada curta. No jogo contra o Corinthians, Levir Culpi responsabilizou a grama molhada antes dos jogos. Em tese, ela deveria ser prejudicial aos dois lados. No caso do Galo, porém, a grama do vizinho será sempre melhor.

CALENDÁRIO CULPIANO

Tanto se fala em mudança do calendário do futebol brasileiro que o Atlético adotou um novo modelo sem avisar a ninguém. Para fazer esse ajuste, que nada tem a ver com os movimentos da Lua e do Sol, o clube viveu, nos primeiros nove meses de 2014, uma longa pré-temporada, preparando-se para o início do ano culpiano.

E um marco desse recomeço foi visto em campo na última quinta-feira, quando finalmente Dátolo deixou de ser uma possibilidade para a lateral-esquerda, na falta de um bom jogador nessa posição, e Guilherme sepultou de vez a função de substituto de Ronaldinho na armação, resquícios ainda das eras Cuca e Paulo Autuori no Galo.

Mesmo com o time bastante desfalcado diante do Goiás, duas simples mudanças determinaram a passagem para o ano Levir, com Dátolo assumindo de fato o papel que um dia foi de R10 e Guilherme ocupando o lugar que sempre quis, à frente do ataque. Parecia óbvio, mas foi preciso o ex-dentuço sair do time e um monte de contusões para se chegar a essa formação.

Tirando o período em que o argentino foi improvisado no lugar de Lucas Cândido e Pedro Botelho, Dátolo só entrou duas vezes em campo ao lado de Guilherme. Na vitória de 5 a 0 sobre a URT, no Mineiro, e no empate de 1 a 1 contra o Bahia, pelo Brasileiro, resultado que pode ser explicado pelo foco na decisão da Recopa Sul-Americana.

Não é de se estranhar que o novo ano atleticano comece após um período de transição entre Cuca e Levir Culpi. Cuca surpreendeu a todos e, em pleno Mundial, avisou que iria para a China, quando o calendário desse país asiático – o mais antigo registro cronológico que se tem notícia – estava na Serpente, encerrado apenas em 30 de janeiro.

Culpi, por sua vez, veio do Japão, onde os tradicionalistas seguem o calendário budista, em que os meses têm 29 ou 30 dias, dependendo da Lua. Bem a propósito da campanha do time, cheia de altos e baixos conforme as marés. Eu prefiro o calendário persa, com início em 21 de março e considerado mais preciso que o gregoriano.

No calendário ocidental há um erro de um dia a cada 3320 anos (contra 3,8 milhões de anos no persa). No Irã, na data do ano novo, entrada da primavera lá, é hora de remover toda sujeira da residência (o "khunehtuki"). Aqui, como a estação começa amanhã, já está mais do que na hora de "arrumar a casa". De preferência, com Dátolo e Guilherme entre os titulares.

LIBERTADORES AINDA QUE TARDIA

E contra todos os santos, de Aranha a Damião, o milagre atleticano aconteceu. Oh céus, como imaginar que, no jogo de quinta (não de quinta categoria que muitos, como eu, esperavam, apostando erroneamente num empate morno, tipicamente oxo), não só veríamos a melhor atuação do Galo na temporada como também uma ressurreição?

Agradeço, senhor, diante de tamanha crise, a oportunidade de poder ver novamente o Atlético de 2013 em ação e espírito. Já tinha perdido totalmente as esperanças, acreditando que o Bruxo tinha experimentado de seu próprio feitiço, amolecendo as suas pernas assim como a de seus adversários de outrora, após passes de pura magia.

Não botava nenhuma fé em 2014, ainda mais quando Ele nos abandonou, trocando-nos por um Galo incolor e indolor. R10 estava a milhares de quilômetros dali, bem como Bernard, mas a Divina Providência fez com que cada jogador em campo se desdobrasse, possuídos que estavam por aquele sentimento que contagiou a todos nós.

Voltamos a acreditar, senhor. Enxergar naquele time desfalcado e sofrido a mesma máquina bem azeitada, veloz, raçuda em todas as posições e fulminante no ataque, nos levou mais uma vez às lágrimas. O enredo se repetiu em todos os seus detalhes, até mesmo no retorno da sorte, que parecia ter nos deixado eternamente.

Bola na trave, defesas impossíveis de São Victor e trajetórias desfeitas no que deveria ser o gol dos nossos visitantes, como se uma mão ali interferisse. Momentos de drama e ansiedade, à espera do apito final, assim como na campanha da Libertadores, até a explosão de felicidade da Massa por mais uma batalha vencida.

E, a partir de agora, revivemos aquela contagem regressiva. Faltam 14 e alguém para bater no braço e afirmar "Aqui é Galo!". Falta um supersticioso como Cuca para vestir a camisa de Nossa Senhora. Mas ver Leandro Donizeti invertendo o jogo, com lançamentos preciosos, e Josué voltando a se entregar, sem medo, superam qualquer coisa.

Assim como o renascimento da lateral esquerda, com Douglas Santos; a defesa sólida como uma rocha, que nos faz esquecer de Réver e nos deleitar com a jovialidade de Jemerson;

e a segurança de Guilherme, tanto na armação como na linha de frente, provando que a magia não vinha apenas dos pés de Ronaldinho.

A volta de Tardelli como a metralhadora giratória de centenas de tiros, curtos e longos, dos mais variados ângulos; o atrevimento de Carlos, esse sim o substituto de Bernard; e um Levir Culpi que nos mostra também uma vocação para milagreiro, fazendo o Atlético jogar como antes com um grupo tão limitado. Libertadores ainda que tardia.

BOTA AQUI O SEU PEZINHO...

Fulo da vida com a dancinha de Mano Menezes após o gol que selou a vitória corintiana, no primeiro confronto pela Copa do Brasil, meu amigo de longa data Adauto enxergou naqueles gestos a imitação de uma ave voando.

Para ele, uma clara provocação ao símbolo atleticano. Mas logo o tirei de ideia quando lembrei que o galo, apesar de bater as asas como despertador nas primeiras horas da manhã, não sabe voar... Ainda mais na Copa do Brasil.

Time com mais participações na competição, o máximo que conseguiu foram duas semifinais, de triste lembrança para os torcedores – como o 3 a 0, em pleno Mineirão, para o Brasiliense, em 2002, em que o goleiro Milagres não fez jus ao nome.

O mesmo agora parece acontecer com São Victor, o goleiro milagreiro da Libertadores. Sem dar o braço a torcer, Adauto passou a defender que a imitação de Mano poderia realmente não ser a de um galo, mas sim de um peru...

De minha parte, não vi mais do que uma explosão de alegria, uma resposta corpórea à pressão que vem sofrendo. Entre ver um Paulo Autuori estampando o mesmo rosto na vitória e na derrota e um Mano saltitante, sou mais o segundo.

Embora ainda tenha Cuca como imagem maior da vibração atleticana, jogando-se ao chão para agradecer à Nossa Senhora, não veria nenhum problema se Levir Culpi, por exemplo, dançasse um fandango, em homenagem ao Mano.

Dança folclórica do Sul, o fandango é uma espécie de baile com comida farta e está vinculado a trabalhos coletivos –exatamente o que faltou no Itaquerão. Após quatro vitórias no Brasileiro, o Galo se mostrou completamente desorganizado.

Para ficarmos nas danças gaúchas, Marcos Rocha, numa de suas piores apresentações na temporada, parecia fazer um solo de “pezinho”, marcada pela ingenuidade e também pelo fato de os dançarinos girarem ao redor deles próprios.

Do ladinho do Rio Grande do Sul, em Santa Catarina, tem a dança do Boi de Mamão. É uma versão do bumba-meu-boi nordestino e síntese do futebol praticado pelo Atlético naquela noite. Prefiro a denominação cearense: boi-zumbi.

Para o decisivo jogo, a opção é a chula, também sulista. A dança consiste num desafio entre dois homens que disputam a mesma prenda. Aquele que errar menos no sapateio, fica com a garota. No desafio do Mineirão, uma vaga nas semifinais.

A DOÇURA DE JÔ

Na pequena sala do posto de saúde, a pediatra alerta que é preciso distinguir entre a criança que não come direito por birra, forçando os pais a cederem nas guloseimas, e a que realmente sofre de algum tipo de anorexia. Com medo de ganhar um beliscão mais tarde, Julia tenta esconder o sorriso culposo quando a médica indaga se ela gosta de picolé, chocolate e bala.

Enquanto a doutora Ingrid explica os truques dos pequenos para manipular os pais desesperados pela falta de apetite, começo a enxergar na Ju o Jô. Os dois têm mais em comum do que as duas letrinhas no apelido. O atacante atleticano está em jejum desde abril, quando marcou contra o Zamora, pela Libertadores. De lá para cá já são 22 partidas em branco.

As constatações da médica, que culpam mais os pais do que a criança, serviriam muito bem a Levir Culpi, que insiste em dar porcarias ao jogador. Afinal, é o mesmo Jô de outros tempos, de Cuca e Paulo Autuori. O Atlético, porém, mudou em seu esquema tático e a função do atacante, atuando como pivô, não é tão determinante nessa filosofia de jogo, principalmente na era pós-Ronaldinho.

R10 foi o maior estimulador da alimentação desequilibrada de Jô, sempre lhe oferecendo passes açucarados e lançamentos que tornavam o gol sopa no mel. Com o meia em boa forma (ou fôrma), era um manjar dos deuses. Doses altas de sacarose que transformaram o ano de 2013 numa grande festa, só manchada pelas barrigas –e outras coisas mais –inchadas durante o Mundial de Clubes.

Depois de 10 de abril, quando balançou as redes pela última vez, Jô participou de seis partidas ao lado do meia, antes de o ídolo deixar o clube, num momento de baixa produtividade. Nas outras 16, ele ficou sem a sua fábrica de chocolates. E, para um time diet como o Galo de Levir, que chegou a ter mais de uma dezena de jogadores fora de combate, não há lugar para glicemia acima do normal.

No instante em que a doutora põe Julia na parede, botando medo nela ao dizer que muito açúcar no sangue pode gerar, entre outras coisas, falta de memória, entendi a razão de Jô estar apresentando um futebol abaixo da média. Ele simplesmente esqueceu como se faz gols ou ainda acha que R10 aparecerá a qualquer momento para, juntos, comemorarem os resultados saltando e dando trombadas no ar.

EU GLORIFICO!

Após dois dias em estado de graça, num interminável *looping* dos quatro gols do Atlético, decolando milhares de "aviãozinhos" alvinegros em minha mente, agora me dedico a encontrar algo mais forte do que o "Eu acredito!" para resumir o jogo contra o Corinthians.

Deixamos a fase do simplesmente "acreditar", na forma de uma súplica, para uma relação mais mágica e divina, em que o improvável se materializa diante dos nossos olhos. No papel, a partida só garantiu a passagem para a semifinal da Copa do Brasil. Para os torcedores, foi muito mais.

É como se, numa equação matemática, tudo aquilo que ex-perimentamos em 24 de julho de 2013, nesse mesmo Mineirão, fosse dobrado, entrando numa espécie de dimensão paralela, com cada elemento se multiplicando por dois.

Dobrado tanto pode ser sinônimo de duplicado como, no ditado popular, algo robusto. Significados que refletem o que foi em campo esse Atlético tão "branco", que nos assustou inicialmente por invocar o time que deu vexame no Mundial. Branco mesmo, só no figurino.

Forte e vingador, não se limitou a vencer mais um placar adverso de 2 a 0. O gol de Guerrero impôs um novo patamar para os 85 minutos restantes. Era ou dobro ou nada. Ainda bem que ali estava Guilherme, cujo futebol desponta nas horas difíceis, como um santo de causas impossíveis.

Do gol decisivo que nos levou à final da Libertadores, o atacante se multiplicou e deixou a sua marca duas vezes diante do Timão. Léo Silva não estava, mas ganhou um dublê em Edcarlos, autor de mais um gol salvador de zagueiro. E, por ironia do destino, também de cabeça e no finalzinho.

No ano passado, o número 3 pulou meio estranho, desabando no chão até ver a bola descair em câmera lenta e encontrar as redes. Edcarlos (2 x 3 = 6), igualmente, não apresentou um salto exemplar. Agiu como um fliperama, fazendo, sem querer, a bola bater no adversário.

O sofrimento da Massa, que deixou de ser exclusivo da Era Cuca, também foi dobrado, transformando os presentes em testemunhas de um milagre, desses que nunca deixarão a nossa memória. No lugar do "Eu acredito!", talvez seja melhor dizer: "Eu glorifico!".

GALO FORTE E VINGADOR

Gostaria de dizer a vocês que entrarão em campo na próxima quarta-feira: esse jogo de 180 minutos representa muito mais do que uma inédita e tão ansiada passagem para a decisão da Copa do Brasil. Bem mais do que a possibilidade de uma nova conquista para uma geração que fez valer, de forma épica, o refrão "lutar, lutar, lutar".

Agora é o momento do "uma vez até morrer". Se com a Libertadores resgataram a nossa autoestima, nos fazendo acreditar novamente nessa força chamada Atlético, vencer o Flamengo significa extrair da alma uma mancha que, por 33 anos, insistiu em não se apagar, como um fantasma a nos atormentar periodicamente.

Muitos de vocês não tinham nascido quando, em 21 de agosto de 1981, cinco atleticanos foram expulsos e a partida foi encerrada aos 37 minutos do primeiro tempo. Já falei aos quatro ventos tudo o que ficou engasgado depois daquele dia, sobre o trauma de um garoto que viu o seu pai desligar o rádio e ir para o quarto, para chorar baixinho.

Agora só peço uma coisa: VENÇAM!!! Arranquem de dentro da gente essa trava amargosa que nos injeta constantemente sensações de raiva e injustiça. Transformem esse pesadelo numa lembrança saborosa, para que esse pai, sem mais nada a aspirar na vida, possa chorar mais uma vez, mas de alegria, podendo encarar seu filho de frente.

Não será um dia normal, tenham certeza disso. Nossos pensamentos estarão voltados para você, Victor, de mãos abençoadas. Para você, Marcos Rocha, do menino pobre que inspira tantos outros a vencer na vida. Para você, Douglas Santos, que mal chegou e parece já ter entendido o valor de vestir essa camisa.

Para você, Léo Silva, nosso gigante. Para você, Jemerson, tão jovem e tão guerreiro. Para você, Josué, pequeno apenas no tamanho. Para você, Dátolo, estrangeiro só na certidão de nascimento. Para você, Luan, hoje o maior símbolo da raça e do amor ao clube. Para você, Carlos, 19 anos de grande talento. Para você, Tardelli, que imprimiu no coração o que é ser atleticano.

E para você Kalil, que viu seu pai ter um dos maiores desgostos diante de 70 mil torcedores no Serra Dourada, responsabilizado por ter incitado os jogadores à violência. É o momento de dizer a eles que, dessa vez, a única expulsão será desse mal-estar que carregamos por tanto tempo. E o jogo extra se dará nesses bares da vida, vibrando com alegria.

WALKOVER

Na antessala do médico, esperando a vez de ser atendido, tento enganar a minha mente – alertada pela quantidade de hormônio simpaticomimético lançada no sangue e pela mudança nos receptores beta-adrenérgicos – botando outros assuntos como prioridade.

Costuma funcionar, igual a contar carneirinhos para dormir ou virar o rosto quando a agulha está em seu braço, imaginando ser uma picadinha de formiga. Geralmente escolho o futebol, mas dessa vez a adrenalina só fez aumentar. Como diz Victor, a emoção não é opcional no Galo.

Novamente com o time precisando se desdobrar em seu campo para avançar à próxima fase de um mata-mata, eu me pergunto se está no DNA dos atleticanos o sofrimento. Ou se é algum carma. É tanto martírio junto em três anos que meu medo é virar uma novela mexicana.

Bem como naquelas produções cafonas exibidas pelo SBT, sempre quando o Atlético joga no estádio do adversário, as cenas beiram o ridículo. Como esquecer, por exemplo, daquele gol contra de Alecsandro no primeiro confronto da final da Libertadores, diante do Olimpia?

Tudo parece sair fora do quadro, com um Victor pulando errado (contra o Corinthians), um Josué brincando de carniça na quarta passada, provocando o pênalti. No Maracanã, Dátolo virou um canastrão, sem o menor traquejo ao pegar na bola, resultando em vários passes errados.

Sim, gente, eu acredito. Mas chega um momento em que não dá para crer mais em Papai Noel e Fada do Dente. De uma hora para outra, você pode muito bem encontrar a cartinha endereçada ao Polo Norte no porta-luvas do carro do seu pai.

Talvez por isso eu escalaria o Walkover em todos os jogos decisivos que o Atlético for o visitante. Como tem perdido por 2 a 0 (foi assim contra o Newell'sOld Boys, Olimpia, Corinthians e Flamengo), é melhor não ir a campo. Perderia por W.O. Simples assim.

Em algumas competições, o W.O. não só pune o faltante com a derrota como também põe dois gols nessa conta. Descobri o significado da abreviação lendo uma dessas revistas que, na falta do que fazer, nos entretêm antes da chamada do médico.

"Walkover" quer dizer vitória fácil no jargão esportivo. Em tradução literal, caminhar. Exatamente como me vi após meia hora no consultório. Já estava na porta quando o dr. Carmelo pediu para voltar. Respondi que iria ao W.C. (water closet, ou banheiro), ótimo eufemismo para realizar a minha retirada de campo.

A MAIS LONGA DAS NOITES

Os jogadores permaneciam no gramado do Mineirão após o fim do jogo. Pareciam não saber o que fazer naquele momento. Olhavam para a festa da torcida nas arquibancadas e, possivelmente, tentavam mensurar o feito que acabaram de realizar. Os 39 minutos do segundo tempo, quando o Atlético marcou o gol da classificação para a final da Copa do Brasil, tinham passado há pouco.

No relógio deles, tudo teria acontecido há segundos, como se exibissem o dom de manipular a passagem do tempo, criando uma sensação de duração particular, que estendesse até dar a impressão a eles de que nunca acabaria. Como Kairós, irmão do deus Chronos na mitologia grega, representante de um tempo eterno e não-linear. Kairós é sempre vinculado a um momento oportuno em que algo especial acontece.

Seria o tempo de Deus, que não pode ser medido cronologicamente. Foi E. C. White quem escreveu que Kairós era caracterizado por um "momento fugaz em que uma oportunidade/abertura se apresenta e deve ser encarada com força e destreza para que o sucesso seja alcançado". Esse é o Galo que vimos em campo, um time que inverteu a lógica do futebol e da vida.

"E o tempo passa...", aquele famosa frase do locutor esportivo Fiori Gigliotti, usada, muitas vezes, como expressão de angústia e derrota iminente, ganhou outro sentido para esses jogadores. O que parecia impossível para os analistas (basta ler o post do comentarista Renato Prado no instante do gol do Flamengo) foi realizado em 55 minutos, menos do que os 85 minutos do confronto com o Corinthians.

Até onde isso vai, não sei dizer. Mas por esses enredos que nos encantam por sua falta de coerência, levando-nos acreditar no imponderável, merece ser campeão, fazendo justiça a uma equipe que será para sempre guardada na memória não por uma partida ou conquista. E sim pelo o que significou como ensinamento de vida: quando todos nós estamos imbuídos do mesmo desejo, trabalhando por um objetivo, o tempo joga a nosso favor.

DEFINDO O MILAGRE ATLETICANO

O feitiço pode virar contra o feiticeiro. Podemos, sim, experimentar do nosso próprio veneno. A pimenta pode ferir os nossos olhos, é verdade. E, segundo a terceira lei de Newton, toda ação pode provocar uma reação contrária.

Não há nada na literatura mundial, porém, que ateste que o milagre possa passar de um para outro. Ele não é emprestado, cedido, vendido, roubado ou mesmo duplicado, até porque, nesse último caso, seria uma espécie de clonagem.

E se fosse clonado, seria um milagre contra outro, que provavelmente se anulariam ou, seguindo a lógica do futebol baiano sobre a influência dos pais-de-santo, terminariam empatados. Resultado bom somente para o "milagreiro" original.

O milagre, de acordo com as religiões cristãs, beneficia apenas a um dos lados. Seria uma intervenção divina para premiar aqueles que foram corretos em sua fé, que dizem "acreditar", embora não haja nada cientificamente comprovado.

Na interpretação de filósofos como Søren Kierkegaard, o "Eu acredito!", categórico e unindo milhares de pessoas num transe coletivo, é próprio de quem defende que a existência verdadeira só é alcançada pela intensidade do sentimento.

Talvez Kierkegaard estivesse falando de uma determinada torcida sem saber, ao escrever que "ser cristão (ou atleticano) é sê-lo como espírito, é a inquietude mais elevada do espírito, é a impaciência da eternidade, é temor e tremor contínuo".

O milagre do Galo talvez esteja na segunda definição de São Tomás de Aquino. Não é algo que só seria realizado de forma sobrenatural. Mas é como se tivessem apressado um processo que a pessoa ou grupo faria por virtude própria.

Os gols acontecem num pequeno espaço de tempo, num time que, diferentemente de seus principais rivais, parece incansável, o melhor desse semestre, que joga ofensivamente, principalmente quando tem a torcida a seu favor.

Os homens caem em meio à batalha e são substituídos por outros igualmente fortes e decisivos. Perdemos o "bruxo" (Ronaldinho) e ganhamos Jesús (Dátolo). O motorzinho Bernard se foi, mas Luan é a máquina do movimento perpétuo.

Por tudo isso, por suas histórias miraculosas, que justiça se faça às grandes narrativas épicas, tornando o Atlético o dono da taça da Copa do Brasil. Para assim podermos dizer às novas gerações: “Eu vi esse milagre com os meus próprios olhos”.

UMA VEZ
ATÉ MORRER

Não sou masoquista, que fique bem claro. Mas confesso que sinto, nos últimos dias, um certo "incômodo" com essa vantagem de 2 a 0. Aqui em Fortaleza, onde acompanho um festival de cinema, não se passa um dia sequer sem que as pessoas me congratulem pelo o que ainda não aconteceu: o título da Copa do Brasil.

Relembram as grandes viradas, a campanha heroica, como se já estivessem lá no passado e a inédita conquista fosse um fato consumado. Parecem caminhar num ritmo diferente do meu, com um dom adivinhatório que eu, atleticano macaco velho, não consigo compartilhar. Em 90 minutos, tudo pode acontecer, como o próprio Galo já provou inúmeras vezes.

São tantas as variáveis, como microcosmo desse mistério que é a vida, que chegam a me provocar estranheza como os boleiros insistem em resumir em uma ou duas possibilidades. É o grande mal da humanidade de hoje: a necessidade de reduzir tudo para que seja o mais rapidamente compreendido e encerrado.

Meu filho não atende o telefone, preferindo as mensagens de texto, muitas delas abreviadas até um "papai" ficar oculto, numa oração sem sujeito, filiação ou carinho. Ligo para a Beth, minha esposa, e ela me responde que estou "carente" demais, justificando-se na distância. Pode ser. Mas carente fundamentalmente dessa tensão pré-jogo que inexiste aqui.

A vitória do Atlético seria a narrativa hollywoodiana por excelência, calcada na superação e na força de homens que parecem predestinados a se tornarem heróis. Na vida real, porém, contam mais pontos o investimento, a estrutura e o planejamento, tudo o que o arquirrival dispõe hoje. Essa é a realidade dura e crua.

É como se colocassem frente a frente 300 espartanos, que lutam até o limite, como se fosse a última batalha de suas vidas, importando o agora, e um exército formado por drones, mísseis teleguiados e armas de alta precisão, que destrói tudo que aparece em seu caminho. A doce imperfeição contra a eficiência máxima que não permite mais nada se aproximar.

Vencendo ou perdendo, a verdade é que nunca vi esse fulgor em nenhum outro time do Galo. São como esses deuses da mitologia grega, com as suas histórias mirabolantes que somente alguém que as presenciou poderá reproduzir com riqueza de detalhe. E se o título vier, é para senti-lo, absorvê-lo e introjetá-lo até fazer parte do nosso sangue, passando de geração para geração.

IMPÉRIO ATLETICANO

A cada vitória me pergunto se o Atlético se dará por satisfeito com as glórias conquistadas, com os novos tabus quebrados e com os números que se tornam mais e mais eloquentes. Quando chegaremos ao ponto máximo desse império?

Para onde mais podemos estender nossos territórios, usurpando a custo de muito sangue e suor velhos domínios, que sucumbem diante de uma legião sem medo e que sabe fazer dos pés uma arma mortífera, dizimando toda soberba e prognósticos contrários?

São os nossos soldados romanos, desdobrando-se numa máquina de guerra que, como os verdadeiros donos da História, deixaram sua marca pelo mundo afora. A Copa do Brasil foi o grande exemplo da força desses imperadores.

Depois de conquistarmos a América, falhamos em sonhar querer o mundo. Mas não nos abatemos. Lentamente forjamos nossas lanças e escudos, criando um exército tão forte quanto o anterior a partir de novos protagonistas.

Victor e Léo Silva continuaram protegendo a retaguarda, enquanto Marcos Rocha ainda fortalecia os flancos e Tardelli se mantinha como nosso maior guerreiro. Mas surgiram com inesperado vigor jovens como Jemerson, Douglas Santos, Dodô e Carlos.

Seus pilares são um comandante estrangeiro, Dátolo, talvez o maior entre aqueles que desembarcaram no Atlético, e aquele que se tornou a principal fonte de inspiração do grupo, Luan, sinônimo de sacrifício e devoção.

Sem falar num "general", Levir Culpi, que venceu a desconfiança pós-Mundial e fez do Atlético mais ofensivo e ambicioso do que era. Como poderíamos imaginar que, em tão pouco tempo, a equipe se reergueria para fazer história mais uma vez.

Um Império se firma com números. E a supremacia sobre o rival foi incontestável: invencibilidade de sete jogos em 2014, vencendo quatro deles. Dois no Mineirão, estádio que, para mim, já não é mais a casa do adversário ou o nosso "salão de festas".

Conquistado definitivamente ontem, com o terceiro título, o Mineirão é o nosso Coliseu, construído com as cinzas do

Vesúvio, de onde tiramos a nossa argamassa – resistente, compacta e duradoura. E finalizado com o silêncio da torcida cruzeirense após o gol de Tardelli.

Contra mais de 40 mil torcedores celestes, completamente calados, pouco menos de dois mil se fez ouvir, gritando e comemorando sem parar durante todo o segundo tempo. Foram eles que, com o sinal do polegar para baixo, anexaram o Mineirão ao nosso território.

EXPLICAR O INEXPLICÁVEL

Assim que o jogo acabou, corri para o setor de entrevistas do Mineirão. Queria ouvir a explicação de Levir Culpi para a conquista da Copa do Brasil. Para falar a verdade, já sabia o que me esperava: muitas referências à entrega, à vontade e ao "coração" dos seus pupilos.

Levir faz um estilo diferente da maioria dos seus colegas. Não espere números e análises detalhadas do que foi o jogo. Sempre parece dizer que a vitória sai por uma combinação de destino, em que bola simplesmente "resolveu" entrar, e motivação dos jogadores para alcançar o objetivo.

Não sei se ele usa as estatísticas que os técnicos estrangeiros tanto gostam, em que números servem para definir um jogador em campo. Não estou falando apenas da média de gols. A quantidade de passes certos e errados e os quilômetros percorridos também contam.

Ele me lembra um pouco Clint Eastwood em Curvas da Vida. Experiente olheiro de beisebol, seu personagem não observa apenas quantos home runs um determinado rebatedor conseguiu. Seu ouvido treinado sabe interpretar a "mágica" de uma batida na bola.

Levir talvez saiba como nenhum outro interpretar um click interno que fará um jogador se doar em campo ou ser o grande nome de uma partida. Qualquer outra intenção provoca um expurgo natural, como aconteceu como Ronaldinho, Jô, André e Emerson Conceição.

É uma questão quase de compatibilidade espiritual, uma aberração para os matemáticos de plantão. Mas é bom lembrar que os números nos enganam. O Cruzeiro pode ter vencido mais a Libertadores, o Campeonato Brasileiro e a Copa do Brasil, mas, por outro lado, isso não faria dele, por incrível que pareça, o mais completo.

Com a conquista da Copa do Brasil, o Atlético é um dos seis times –ao lado de Cruzeiro, São Paulo, Santos, Internacional e Grêmio –que pode celebrar o feito de ganhar as duas principais competições nacionais, a Copa Libertadores e também a Recopa Sul-Americana.

Porém, somente três deles venceram ainda a Copa Sul-Americana, nome atual da Copa Conmebol, que o Galo faturou duas vezes, em 1992 e 1997. Diferencial compartilhado por Santos e Internacional. É ou não é uma boa forma de explicar que, no futebol, não há verdades absolutas?

MRV
CLAUDINEI
3
DODÔ
GUILHERME

MRV

MRV
BMG

RECOPA
Santander
US$ 10.000,00 EM AÇÕES DO SANTANDER

C.S.F.
Santander
BMG
2
M. ROCHA

MRV

BANCO
BMG
BRAHMA
BRAHMA
MRV
Engenharia
PUMA
GATORADE
BANCO
GALO
NA VEIA
BANCO
BMG
PUMA
GALO
NA VEIA
BANCO
PUMA

BRAHMA
BANCO BMG
PUMA
GALO NA VEIA
TIM
MRV Engenharia
GATORADE

BMG

C A M
BMG
MRV
10
3
L.SILVA

BANCO
BMG
BMG
BMG

AQUI
É
GALO
cemil

cemil

BETIM
23

MRV

PAIXÃO NÃO
TEM DISTÂNCIA
CRUZEIRENSES
Sadia

Sadia

Havia chegado à conclusão que, sim, o Atlético poderia ser bicampeão da Libertadores, disputar a liderança do Brasileiro e não ser eliminado de forma vexatória na Copa do Brasil. Quem sabe, apagar a triste atuação no Mundial. Como caiu de produção no segundo semestre de 2013, seria possível inverter a ordem das coisas e vê-lo, um ano depois, encher nossos olhos a partir de julho"

- ESPERANÇAS DE UM SEGUNDO SEMESTRE MELHOR PARA SE ESQUECER AS DERROTAS NO MUNDIAL E NO CAMPEONATO MINEIRO

"Ao assumir que um trabalho de cerca de 120 dias foi jogado no lixo e que o ano do clube começaria em maio, a sensação é de ter acompanhado a confissão de que o Atlético de 2014 já veio ao mundo quase morto, sendo preciso cinco meses para enterrá-lo"

- FIM DO SONHO DO BICAMPEONATO NA LIBERTADORES, APÓS A DERROTA PARA O ATLÉTICO COLOMBIANO

Estou exatamente no mesmo lugar de 365 dias atrás, quando conquistamos a Libertadores, o nosso maior título. E você fez parte dessa história. Agora lhe vejo abraçando um por um dos jogadores e beijando o escudo. Se for mesmo uma despedida, um ciclo foi encerrado. Obrigado, R10!"

- O ADEUS DE RONALDINHO GAÚCHO NO MINEIRÃO, COM O TÍTULO DA RECOPA

"Após dois dias em estado de graça, num interminável looping dos quatro gols do Atlético, decolando milhares de "aviãozinhos" alvinegros em minha mente, agora me dedico a encontrar algo mais forte do que o "Eu acredito!" para resumir o jogo contra o Corinthians"

- A SURPREENDENTE VIRADA DIANTE DO CORINTHIANS RESSUSCITOU A FÉ ATLETICANA

Agora é o momento do "uma vez até morrer". Se com a Libertadores resgataram a nossa autoestima, nos fazendo acreditar novamente nessa força chamada Atlético, vencer o Flamengo significa extrair da alma uma mancha que, por 33 anos, insistiu em não se apagar, como um fantasma a nos atormentar periodicamente"

- A EXPECTATIVA DA QUEBRA DE OUTRO TABU, CONTRA O FLAMENGO

"Até onde isso vai, não sei dizer. Mas por esses enredos que nos encantam por sua falta de coerência, levando-nos acreditar no imponderável, merece ser campeão, fazendo justiça a uma equipe que será para sempre guardada na memória não por uma partida ou conquista. E sim pelo o que significou como ensinamento de vida: quando todos nós estamos imbuídos do mesmo desejo, trabalhando por um objetivo, o tempo joga a nosso favor"

- OUTRO MILAGRE E A PASSAGEM PARA A FINAL MINEIRA NA COPA DO BRASIL

"Depois de conquistarmos a América, falhamos em sonhar querer o mundo. Mas não nos abatemos. Lentamente forjamos nossas lanças e escudos, criando um exército tão forte quanto o anterior a partir de novos protagonistas"

- MAIS UM TÍTULO INÉDITO: SOMOS CAMPEÕES DA COPA DO BRASIL

Esse livro não seria lançado sem a importante colaboração do Clube Atlético Mineiro, em especial nomes como Cássio Arreguy, Domênico Bhering e Emmerson Maurílio. Agradeço também aos muitos leitores, amigos ou não, que me estimularam a reunir as crônicas em livro, fundamental para criar coragem e procurar a editora Letramento, de Gustavo Abreu, que, também um atleticano fanático, imediatamente apoiou o projeto.

E divido esse trabalho com Levir Culpi, técnico do Atlético, que protagonizou vários desses momentos memoráveis descritos no livro; com o locutor Mário Henrique Caixa, que levou para o papel o mesmo tom vibrante como narra as partidas do Galo; e com Luiz Zanin Oricchio, presidente da Associação Brasileira de Críticos de Cinema e colunista de esportes de "O Estado de S. Paulo", que, como eu, também vive entre esses dois amores.

Agradecimentos especiais a Adriana Branco, Luiz Fernando Rocha, Leida Reis, Iracema Barreto, Bruno Cantini, Marcelo Prates, William Alves Monteiro Jr., Flávio Tavares, Carlos Roberto, Flávia Morais, Emerson Martins, Marcelo Machado, Arlan França, Alexandre Simões, João Alberto Aguiar, Cristiano Martins, Ernesto Aureliano, Amilcar Brumano, Miguel Anunciação, Lute, Dum, Maria do Rosário Caetano, Humberto Silva, Roberto Guerra e a todos os meus familiares.

Editor
Gustavo Abreu

Revisor
Nathan Matos

Projeto Gráfico, Capa e Diagramação
Leonardo Mathias | leonardomathia0.wix.com/leonardomathias

Dados Internacionais de Catalogação na Publicação (CIP)
Bibliotecária Juliana Farias Motta CRB7- 5880

S586s Silva, Paulo Henrique

Sempre acreditamos : os três anos que mudaram a história do atlético / Paulo Henrique Silva
Belo Horizonte, MG : Letramento, 2015.

420 p. : 4 cores; 15,5x22,5 cm

ISBN 978-85-68275-28-3

1.Futebol - Minas Gerais(MG) - História.2.Clube Atlético Mineiro - História. I.Título. II. Título: os três anos que mudaram a história do atlético

CDD 796.334098151

Créditos das fotografias:

Capa
Bruno Cantini

Bloco 1

Bruno Cantini (fotos 1,2,7,9,10,11,12,17)

Lucas Prates (fotos 3,4,5,7)

Carlos Roberto (fotos 12,13,14,15)

Bloco 2

Flávio Tavares (1,2,4)

Bruno Cantini (3,5,6,7,8,9)

Esse livro foi composto na fonte Georgia e impresso na gráfica O Lutador,
no dia 24 de julho, aniversário da conquista da libertadores.